敬　启

尊敬的各位老师：

感谢您多年来对中国政法大学出版社的支持与厚爱，我们将定期举办答谢教师回馈活动，详情见我社网址：www. cuplpress. com 中的教师专区或拨打咨询热线：010 – 58908302。

我们期待各位老师与我们联系

·高等政法院校法学系列教材·

破 产 法 学

主　编　杨　森

副主编　张晓飞　凤建军

撰稿人　（以撰写章节先后为序）

　　　　杨　森　孙　静　凤建军

　　　　李建民　张晓飞　席晓娟

中国政法大学出版社

作者简介

杨　森　西北政法大学副教授,公司与企业法教研室主任,经济法专业硕士研究生导师。西安仲裁委员会仲裁员。主要研究方向:商法、经济法。

孙　静　西北政法大学讲师,法学硕士。主要研究方向:经济法学、企业法。

凤建军　西北政法大学讲师,法学硕士,公司与企业法教研室副主任。主要研究方向:商法、知识产权法。

李建民　西北政法大学副教授。西安市政协委员,西安仲裁委员会仲裁员。主要研究方向:商法、合同法。

张晓飞　西北政法大学副教授,法学硕士。主要研究方向:商法、合同法。

席晓娟　西北政法大学副教授,法学硕士,西南财经大学法学院博士研究生。主要研究方向:商法、财税法。

前　言

　　市场经济的发展,是适者生存、优胜劣汰的残酷过程。在经济生活中,企业是最主要、最普遍的市场主体,破产法对于保证企业蓬勃发展的内在动力,同时合理解决因企业开展经营活动而产生的债权债务关系,保护债权人的正当权益,保证社会交易安全,进而维护社会整体利益,促进社会的和谐发展,有着特殊的不可估量的调整作用。

　　破产是社会经济生活中的一种现象,破产法是市场经济社会法律体系所不可缺少的重要组成部分。为了及时地适应我国经济发展的客观需要,2006年8月27日,第十届全国人大常委会第二十三次会议通过了《中华人民共和国企业破产法》。新的破产法适应社会经济发展的需要,总结我国司法实践经验,借鉴国外先进的破产立法制度,建立起一套较完善的破产法律制度。

　　本书系高等政法院校法学系列教材之一。为了适应破产法教学的需要,在写作过程中,我们以我国新破产法为依据,参考了大量的文献资料,力求体现本学科的最新立法和学术前沿,阐述了破产法的基本理论与相关的破产法律制度。

　　本书的撰稿人及分工如下(以撰写章节先后为序):

　　杨　森　第一、二、十章

　　孙　静　第三章

　　凤建军　第四、五、十三章

　　李建民　第六、七章

　　张晓飞　第八、九章

　　席晓娟　第十一、十二章

　　本书在写作与出版过程中,曾得到西北政法大学经济法专业研究生王堃、陈曦、孟淑梅、陈晓辉、梁涛等同学的无私帮助,得到中国政法大学出版社的鼎力支持。在本书出版之际,特对他们表示衷心感谢。

　　尽管我们付出了很大的努力,但由于水平所限,书中的缺点、错误在所难免,敬请读者批评指正。

杨　森

2008 年 8 月 9 日

|目 录|

第 1 章
破产法概述

【学习目的与要求】　通过本章的学习，要求掌握破产的基本概念和特征及破产法的概念、地位、作用和效力。了解破产制度的形成及历史渊源，了解外国破产法和中国破产法的产生与发展。正确理解我国新破产法在立法宗旨、适用范围的改革和创新。通过学习，使学生对破产法课程的基本内容有一个清晰的轮廓和宏观上的认识。

第一节　破产与破产法

一、破产

（一）破产的概念

破产是人类社会发展的一种经济现象，而破产一词就其含义而言也有从狭义到广义的发展过程。破产原意为"失败"或"倾家荡产"，英语一词为"bankruptcy"，此后随着工业经济的发展，破产制度在西方各国建立。破产作为法律术语其含义有二：其一，破产表示债务人不能清偿到期债务时所处的一种客观状态。在此意义上，破产是对债务人特定经济状态及其法律后果的概括抽象。其二，破产是指法院及当事人处理债务清偿事件的特定程序。在此意义上讲，破产又是从破产申请到清算、分配一系列法定程序的总体表达。

"破产债务"不是一般的债务而是破产当事人事前约定的或者由法院裁定的已经到期的债务，所谓的"清偿"，是指破产人对其所负的债务全部还清，消灭债权债务关系，而不是部分的、个别的还清债务，债权债务关系仍然存在。所谓的"不能清偿"，是指破产人毫无能力偿还债务。"不能清偿"意味着以下几种可能性都不存在：其一，债务人如果能说服债权人促使债权人自愿与其达成协议，允许延期还债或减免债务，那么，债务人就可以摆脱破产的局面。其二，如果债务人有价值相当的财力就可以通过将其财产向银行设置抵押贷款，用于清偿到期债务。若前述两种情况可能，债务人也就不会破产。如果以上两种可能全部被排除，债务人则难逃破产的厄运。

关于破产作为法律术语应怎样理解，我国 1986 年颁布的《中华人民共和国企业破产法（试行）》以及 2006 年 8 月 27 日第十届全国人民代表大会常务委员会第二十三次会议通过的自 2007 年 6 月 1 日起实施的《中华人民共和国企业破产法》没有下任何定义。从学理上讲，专家学者关于破产有以下解释。

日本《法律学小辞典》的定义是："债务人不能清偿到期债务时，以将债务人所有财产公平清偿给所有债权为目的的、审判上的程序。"

徐德敏、梁增昌所著的《企业破产法论》认为："法律上的破产是指债务人丧失债务清偿能力时，为了债权人与债务人的利益，依法对债务人所拥有的财产、债权和债务，实行强制的、公平的清理与分配的一种特殊的诉讼程序。"[1]

齐树洁主编的《破产法》认为，破产概念经历了一个由狭义到广义演变的过程，"广义上的破产"是指由破产清算程序与破产和解、破产重整等预防性程序共同构成的一个统一的破产法律制度体系。[2]

王欣新所著的《破产法》认为，依据法律对破产原义规定的不同，破产可分为事实上的破产和法律上的破产，事实上的破产，是指债务人因资产不抵负债（即资不抵债，又称债务超过），客观上不能清偿债务而破产，即没有足够的资产来清偿全部债务。立法上对其破产原因规定为资不抵债。法律上的破产是指债务人因不能清偿到期债务而破产，即对已到期的债务无法清偿。立法上对其破产原因规定为不能清偿到期债务。[3]

由于各国法律文化背景和专家学者认识角度的不同，因而对破产概念的理解也有所不同。

通过以上列举的定义，我们可以看出，"破产"作为一种法律术语，有其特定的内涵，破产是一种特殊的诉讼程序——"不能清偿到期债务"是破产的客观条件；而通过"审判程序"使债权人受到公平的清偿，则是破产的主要内容。

---

〔1〕 徐德敏、梁增昌：《企业破产法论》，陕西人民出版社 1990 年版，第 1 页。
〔2〕 齐树洁主编：《破产法》，厦门大学出版社 2007 年版，第 1~2 页。
〔3〕 王欣新主编：《破产法》，中国人民大学出版社 2008 年版，第 4 页。

本书认为，破产的含义应将破产的事实状态和处理债务清偿的特定程序两个方面结合起来理解。破产是指债务人不能清偿到期债务，在法院主持下对破产人的财产进行清算的特殊程序。

（二）破产的特征

根据破产概念的内涵及外延，破产具有以下主要特征：

1. 破产是一种特殊的偿债手段。以一定的民事权利义务关系为基础，任何债务人（义务人）都必须偿还债权人的债务。债务人的偿债行为是一种最为常见的民事法律行为。然而与一般偿债不同的是，破产是以债务人的全部财产清偿，这就意味着债务人的经济生活、经营管理随着清偿的完结而随之结束。法律上的民事主体资格以及反映这种资格的行为能力和权利能力在法律意义上已被消灭。债务人以全部财产一次性清偿并因此而丧失主体资格，这是破产最直观的特征。[1]

2. 破产是在特殊情况下所运用的偿债机制。破产这种特定的偿债手段的运用，必须以法定的事实为前提，这里的法定事实主要包括：①债务人资不抵债。到期的债务已超出债务人全部财产的总额。②到期的债务，债务人无法清偿。③严重影响债权人的利益，且影响整个社会的交易秩序。破产正是通过及时消灭债务人的主体资格，遏制其财产的进一步耗损，抑制其经营失败而对社会经济秩序的冲击，疏通因债务人拖欠债务所引起的对经济运行的阻滞，保障债权人的合法权益。所以，如果债务人出现破产原因以及法定的事由，则应及时地依法宣告破产，强制清偿债务人所欠债务，以保社会交易秩序的安全。[2]

3. 破产是为了公平的清偿债务。所谓公平清偿，是指依据破产法所确定的一系列符合商品交易实践和民事交往的一般机理的原则而进行清偿，从而使债权人所得到的清偿与债权的性质和数额相适应，这主要是由破产属性决定，一般情况下，破产均存在两个或两个以上的债权人，同时就破产债权的性质而言有特别债权和普通债权，就普通债权而言也存在数额上的差距，而债务人的财产又不能全部清偿债权人的债权，这就需要在破产清算当中，按一定的比例进行债权清偿，公平的处理破产清算，以最大限度的满足债权人的要求，由此可见，公平清偿贯穿于破产清算程序的每一个环节和每一个方面，以实现法律意

---

〔1〕 齐树洁主编：《破产法》，厦门大学出版社2007年版，第2～3页。
〔2〕 齐树洁主编：《破产法》，厦门大学出版社2007年版，第2～3页。

义上的公平和事实上的公平。

4. 破产是在法院主持下而实施的清偿手段。从理性上讲，破产并非出自债权人和债务人的自愿，破产是现实当中债权人和债务人无可奈何而又现实的选择，就此意义而言，破产带有一定的非自愿性和强制性。从破产清算程序来看，世界各国破产立法制度均规定，破产是在司法审判机关主持下，以维护当事人的合法权益为目的的清偿程序。通过破产程序，由审判机关对债务人的主体资格作出否定的评价，从法律上宣布债务人的死亡，了结债权债务关系。如果没有审判机关的介入，这种结果就不可能实现。

二、破产法

在现代经济社会中，企业是社会经济生活当中最基本的经济组织形式，是社会生产与再生产活动最主要的、最常见的、最普遍的主体，因此，在债的关系中，企业往往成为最基本的、最主要的债务人，一旦企业不能清偿到期债务便会实施破产程序，强制性地执行债权债务清算程序。为了破产清算程序的顺利进行，为了更好地维护交易安全和破产当事人的合法权益，最大限度地实现债权人的债权要求，发达国家先后颁布了破产法，建立了破产制度。破产制度主要由以下几个方面构成：①破产申请制度；②破产立案制度；③破产和解制度；④破产重整制度；⑤债权人会议制度；⑥破产管理人制度；⑦破产宣告制度；⑧破产清算制度。详尽内容见本书相应的章节，在此不作赘述。

随着我国社会政治经济体制改革的深入和社会主义市场经济的发展，为了适应经济发展的客观需要，我国于 1986 年颁布实施了《中华人民共和国企业破产法（试行）》[以下简称《破产法（试行）》]，并于 2006 年对其进行了大幅度的修订，重新公布了新的《企业破产法》。

关于破产法的定义，有人从学理上理解，有人从整个程序上理解，众说纷纭，莫衷一是。破产法有狭义和广义之分，在我国，狭义上的破产法仅仅指 2006 年颁布的、2007 年 6 月 1 日起实施的《中华人民共和国企业破产法》。而广义上的破产法除破产法本身外还应包括以破产法为核心的、相关的其他法律、法规和司法解释。本书认为，破产法是指调整因债务人不能清偿到期债务，在法院主持下而发生的破产清算关系以及破产预防关系的法律规范的总称。

第二节　破产法的地位、作用和效力

一、破产法的地位

所谓破产法的地位，是指破产法在各国法律体系当中所处的位置。由于各国历史发展的不同，地域文化的差异，法律背景的不同，各国关于破产的立法也不尽相同，因而，破产法的地位也有所区别。归纳起来，主要有以下几种类型：

（一）将破产法列入商法的范畴

将破产法列入商法的范畴，这是最为常见和普遍的一种，代表性的立法有：1807 年颁布的《拿破仑商法典》，该法典第三编是关于破产和倒闭的相关法律规定，自 2003 年开始，法国现行破产法律制度适用商法典第六卷困境企业，该卷共两编，共计 239 条；1890 年日本商法典，该商法典分为商通则、海商和破产三编；1914 年的奥地利商法典和比利时的商法典均有关于破产法律制度的相关规定。

（二）破产法单独立法

有的国家认为破产法是一部多功能的法律，它既有实体法的规定，也有程序法的内容。因此，只有把破产法单独立法，才能充分反映破产法性质和内容的基本要求。代表性的立法主要有：1883 年英国修订的破产法条例；1889 年德国修订的德国破产法；此外，1935 年 7 月 17 日南京国民政府公布的，同年 10 月 1 日施行的《破产法》及《破产法实施法》，均属破产法的单行法律。

我国也采取破产法单独立法的方式。1986 年 12 月 2 日第六届全国人大常委会通过了《中华人民共和国企业破产法（试行）》，这是我国自建国以来颁布的第一部企业破产法，标志着我国企业破产制度的建立。为了进一步完善我国的企业破产制度，适应新形势下的客观需要，对原有的破产法进行大幅度的修订和完善势在必行，2006 年 8 月 27 日第十届全国人大常务委员会通过的，2007 年 6 月 1 日实施的《中华人民共和国企业破产法》（以下简称《企业破产法》），以单行法的形式公布于众。该法对促进现代企业制度的建立，完善企业在市场竞争中的退出机制，维护社会主义市场经济秩序具有十分重大的积极意义。

二、破产法的作用

破产法的作用就是指破产法在社会经济生活当中的主要职能及对社会的积极意义。根据破产法内容的特定要求和破产制度本身的功能，破产法具有以下主要作用：

（一）保护债权

保护债权是破产法的首要作用，在破产清算程序当中，保护债权就是保护债权人的债权公平受偿，最大限度地维护债权人的合法权益，因此，企业破产法是债权人公平受偿的法律保障。

（二）优胜劣汰

从社会学意义上讲，企业作为以一定财产为物质基础的人的群体组合，并非是一种永恒的社会存在，由于种种原因，导致企业不能清偿到期的债务，因而需要实施破产清算程序使其倒闭，消灭该企业的主体资格，使其退出社会经济生活的舞台。企业的这种胜衰枯荣、生存与灭失构成了社会经济的新陈代谢，并推动了社会经济生活的发展和繁荣。从某种意义上讲，人类今天璀璨的物质文明，无不是无数企业由生至灭的直接产物。破产尽管是无情的，也是理性的抉择，它体现了商品生产社会中优胜劣汰的竞争规律。这种优胜劣汰合理地调整了社会的产业和产品结构，有助于社会资源的优化配置，实现了企业现代化，体现了社会可持续发展的主题。所以说，建立破产制度，以破产的形式终结竞争中严重失利的企业的主体资格，是优胜劣汰原则在社会生活当中的法律确认，是社会发展规律的一个重要体现。

（三）预防破产

破产制度最初仅为单纯的、消极的破产，随着社会的发展，破产制度已从单纯的、消极的破产发展为既有破产又有破产预防的现代破产制度。一般来讲，企业破产无论对债权人或者债务人还是对社会经济发展都有一定的损害或影响，因而应尽可能的减少企业破产。现代企业破产制度把破产预防纳入破产法的调整范围，如我国的《企业破产法》中的担保清偿、重整制度与和解制度都是为了预防企业破产而规定的具体的法律措施。这些法律制度就是法律上的破产预防。

破产预防是针对有挽救可能的企业，通过相应法律制度或者社会措施对其加以调整和救济从而避免该企业破产，把对社会的经济效益的损害减少到最小程度，避免企业破产造成的大量人员失业及其他不利、消极影响。破产预防制度无疑是积极的预防而不是消极的、勉强的预防，所以说企业破产法不是单纯的破产，破产预防是现代破产法律制度的一项重要内容，而这些内容则是预防企业破产的重要的法律措施。

（四）使债务人得以解脱

当企业经营出现困难、濒临破产之时，如果企业不能通过发行债券直接获得融资或者企业信誉低下且没有足够的财产为贷款设置抵押，无法通过银行进行间接融资，企业资金链条中断，且负有巨额的债务到期不能清偿，在这种情况下如果不通过破产制度对企业予以破产清算宣告企业终止，那么，不仅企业的就业人员难以寻找新的发展机会，而且企业本身无法继续开展经营活动，创造新的价值，实现新的利润，其原有的贷款利息会不断增加、债权数额会不断增大，存在的积极意义微乎其微，且该企业占有的生产资料无法做到物尽其用，会给社会造成巨大的浪费。针对这些问题，当债务人不能清偿到期债务时，只有通过破产程序用企业现有的财产予以清偿。又根据破产免责原则，对尚未清偿的债务不再清偿。从而做到人尽其才、物尽其用，发挥其最大的社会功效。

三、破产法的效力

破产法的效力是指破产法对时间、空间、主体的约束力。

（一）破产法的时间效力

我国《企业破产法》第136条规定："本法自2007年6月1日起施行，《中华人民共和国企业破产法（试行）》同时废止。"由此可见，我国新的《企业破产法》关于破产时间的规定不具有追溯力。但是鉴于我国市场经济尚在建立和完善阶段，在新的《企业破产法》未颁布施行之前，依据1986年破产法及相关法律规定而实施破产的企业仍然适用原先的法律规定，不得按照新的《企业破产法》规定进行破产清偿。

（二）破产法的空间效力

严格意义上讲，破产法属于国内法，不具有域外效力，但是随着社会经济的发展，对外开放的扩大，破产法的域外效力在一定范围内得到承认。我国《企业破产法》第5条规定："依照本法开始的破产程序，对债务人在中华人民共和国领域外的财产发生效力。对外国法院作出的发生法律效力的破产案件的判决、裁定，涉及债务人在中华人民共和国领域内的财产，申请或者请求人民法院承认和执行的，人民法院依照中华人民共和国缔结或者参加的国际条约，或者按照互惠原则进行审查，认为不违反中华人民共和国法律的基本原则，不损害国家主权、安全和社会公共利益，不损害中华人民共和国领域内债权人的合法权益的，裁定承认和执行。"这是我国第一次明确规定破产法的空间效力。

（三）破产法的对人效力

破产法的对人效力从其他国家破产立法来看存在两种立法体例。

1. 商人破产主义。商人破产主义是指破产程序仅对具有商人身份的人适用的一种立法体例。采用商人破产主义的国家主要有意大利、比利时等。这里所说的商人必须是长期的、稳定的从事法律所承认的商业活动的主体，除此以外的其他主体不适用破产程序。

2. 一般破产主义。一般破产主义是指破产程序适用于一切商人和非商人的一种立法体例。依据这一立法体例无论是法人或者自然人皆适用破产程序。采用一般破产主义的国家主要有日本、智利、德国、法国等。

第三节　外国破产法的产生与发展

一、破产制度的开端

（一）破产法律制度的溯源

在人类社会历史上，只要有剩余产品，有富余的东西可借，就可能发生最初意义上的债权债务关系。而只要有债权债务关系，就存在着不能清偿的可能性，就需要有对不能还债事件的处理办法，由此逐渐形成破产制度的雏形。对不能还债事件的处理办法的历史渊源，可以上溯到 3700 多年前的古巴比伦国的《汉谟拉比法典》，它是目前世界上保存相当完整的最古老的一部法典。其中第66 条规定，自由民借了商人的钱而无物可还时，可将自己果园中的枣子采摘下来按契约规定偿还商人本息，园中剩余的枣子仍旧归债务人。第 96 条规定，自由民向商人借了谷或银而无谷或银还债时，如果有动产，可在证人面前将他所拥有的任何东西还给商人。

这些规定，反应出公元前 18 世纪的古人已经遇到了不能清偿债务的客观现象，并且产生了处理此类问题的简单措施。

（二）破产法律制度的萌芽时期

在2 000多年前奴隶制时代开始形成的罗马法，被恩格斯称为"商品生产者社会的第一个世界性法律"。[1] 在罗马法最早的成文法典《十二铜表法》里面，就有关于不能清偿债务问题的处理规定，关于债务纠纷问题的处理罗马法先后经历了两个阶段：在前一阶段，对不能清偿债务的债务人实行残酷的人身制裁。在后一阶段，《十二铜表法》最后一表《补充条例》中规定："凡购买牲口不付钱，租用牲口不付租金者，债权人有权扣押债务人的财产。"从而表明罗马法开始对债务人财产的执行。罗马法中这种对债务的强制履行经历由对人强制执行演变为对物的强制执行的演变，无疑反映了人类的进步，依此而形成的债务强制履行，已经孕育了我们现在所讲的现代意义上的破产制度的雏形。

二、西方国家破产法律制度的形成过程

（一）意大利的破产法律制度

中世纪的意大利受罗马法的影响先后颁布了不少法律条例，如公元1244年的《威尼斯条约》，1314年的《米兰条例》规定了概括执行制度、债权人公平受偿制度，确立了财产管理人的地位和职责，提出了债务人有权申请对自己债务的执行。[2] 这些法律法规的出现主要是因为随着意大利自由城市商业的不断发展，商人之间需要简易迅速的方法了结无力偿还的债，于是采取一种简便的债权调查程序，对无力偿还债务的商人适用破产还债的制度便应运而生。显然中世纪意大利的破产制度已经比罗马法中的破产雏形完善了一大步，开创了西方商人破产主义的先河。

公元1861年意大利统一成立了意大利王国，随后颁布了一系列关于破产制度的法律法规。如1865年颁布的意大利破产法；1883年实行的新商法典，其中第三卷为破产法；1903年公布的破产预防法，增加了预防破产的和解制度。1930年又对破产法制度作了全面修改。从而形成了目前这种破产法与破产预防法并行的意大利破产制度。

（二）德国的破产法律制度

古代德国没有破产制度，仅有一种作为诉讼保全措施的假扣押制度，即当

---

〔1〕 《马克思恩格斯选集》第3卷，人民出版社1995年版，第252页。
〔2〕 参见张晨颖："破产制度价值研究"，载《北京大学学报（哲学社会科学版）》2003年第6期。

债权人的债权有得不到清偿的危险时，债权人可以拘押债务人并扣押其财产。若有数个债权人时则先进行假扣押程序的债权人优先于其他债权人获得清偿。

15 世纪德国继承罗马法和意大利法，并与其固有法合并，构成德国普通法，其中关于破产程序的规定已较完备。

1885 年颁布的《普鲁士破产法》，采用一般破产主义，即适用商人和非商人破产。

1871 年，德意志帝国成立，1877 年 2 月 10 日制定了《破产法》，该法于 1879 年 10 月 1 日生效。这部法律在相当长的时期里一直被视为"最杰出的德国司法制度法律"，曾被誉为德国司法制度中的"明珠"。匈牙利、荷兰、奥地利、阿根廷和日本在制定本国破产法时均将其当作蓝本加以借鉴。

1935 年 2 月 26 日通过《和解法》，至此，在德国形成了破产程序与和解程序并行的双轨制。经过百年沧桑，世界巨变，德国破产法作了重大修改。1994 年通过的破产法于 1999 年 1 月 1 日生效，该法取代了 1877 年的破产法和 1935 年的《和解法》，实行了统一的破产程序。该法既适用于法人破产也适用于自然人破产，既适用于商人破产也适用于非商人破产，随后于 2001 年和 2003 年德国对新的破产法又作了进一步的修改。

（三）法国的破产法律制度

法国有关破产制度的规定，最早见于 1538 年颁布的破产法令。1667 年公布的里昂地方破产法，该法是法国破产法最初的成文法。1673 年，路易十四发布了有名的《商事敕令》其中第九章至第十一章是有关破产制度的规定。1807 年，《拿破仑商法典》公布，其中第三卷"破产篇"，该法是近代破产法典最完备的一部，该法于 1838 年历经大幅修改，"破产篇"以停止支付为破产原因，采用商人破产主义。有罪破产始终是法国破产法的一大特点。1967 年，法国废除了《拿破仑商法典》的"破产篇"，将破产法经过全面修订后，以单行法的形式公布，把商人破产主义改为一般破产主义。法国现行破产法是在修订 1967 年破产法的基础上于 1986 年颁布的。

（四）英国破产法律制度

英国与欧洲大陆各国的法律体系不同，有着自己独特的发展历史。英国法律是以不成文的形态发展起来的，但破产法例外。1542 年，亨利八世以成文法的形式颁布了第一个单行的破产法规，适用于商人和非商人，到伊丽莎白十三世该破产法只适用于商人，一直沿用到 1861 年公布《破产条例》时为止。其后于 1869 年、1883 年、1914 年分别对《破产条例》进行了修订，该法仅适用于自然人破产，法人破产适用公司法的规定。1986 年，英国颁布了《无力偿债法》，将破产法中自然人破产和 1985 年公司法中的法人破产合为一体，并建立了重整制度。

（五）美国破产法律制度

美国受英国的法律传统的影响，于 1800 年 4 月颁布了联邦破产法，适用范围仅限于有欺诈行为的穷人的破产，该法于 1830 年废除，1841 年公布了第二部联邦破产法，该法过于强调保护债务人的利益，于 1843 年被废除，1867 年，美国第三次制订了破产法，后又被废除，1889 年 7 月 1 日，公布了《破产法》，后再次修订。直至 1978 年重新公布，并于 1979 年 10 月 1 日起施行。该法于 1984 年、1986 年、1994 年作过重大的修订。此后，美国又于 1998 年、1999 年、2000 年、2001 年对破产法进行了多次修订。2003 年 3 月 20 日是最近的一次修订。该法第一章一般为条款、定义和解释的规则；第三章为破产案件管理；第五章为债务人、债权人及其不动产；第七章为清算；第九章为市政当局债务的调整；第十一章为重整；第十五章为有固定收入的家庭农场主的债务的调整；第十三章为有固定收入的个人的债务调整。

（六）日本破产法律制度

日本 1923 年制定的破产法在引入美国式的免责制度以及在 1967 年对抵销限制进行修改后，基本上没有大的改变。1996 年 10 月，日本开始了对破产法法律修订的基础性工作。2001 年 5 月日本就修订破产法开始具体工作。2002 年 9 月公布了修订破产法的中期草案，并征询社会各界的意见，在此基础上完成了破产法的修订大纲，经法制审议会通过后提交给法务省大臣。2004 年 2 月基于该大纲的《破产法案》（又称"新破产法"）以及《伴随破产法施行的协调各相关法律的法律案》（该法涉及民生再生法等 171 余条法律的修改）被提交给一五九期定期国会。经众参两院表决通过后，日本的新破产法于同年 6 月 2 日公布。该法第一章为总则；第二章为破产程序的开始；第三章为破产程序的机构；第四章为破产债权；第五章为财团债权；第六章为破产财团的管理；第七章为破产财团的变现；第八章为分配；第九章为破产程序的终结；第十章为关于继承财产的破产等的特则；第十一章为存在外国倒闭处理程序时和特别规则；第十二章为免责程序和复权；第十三章为杂则；第十四章为罚则，共计十四章。

第四节　我国破产法的产生与发展

一、旧中国的破产立法

破产法在中国出现的比较晚，在封建社会中，由于重农抑商传统的束缚，商品经济很不发达，没有破产制度。债务人往往以自己的劳力来折抵债务，并把父债子还视为天经地义，没有破产还债之说。加之中国农耕社会时间较长，企业发展较晚，无企业也就无破产的前提条件。直至清末"新政"，清政府为了兴办"产业"，繁荣商业，于 1906 年仿效德国、日本的破产制度，拟定了《破产律》，共 9 节 69 条，范围只适用于商人，但非商人也可参照办理，为避免破产，采取展期清偿之制，破产案件由地方官主持办理，商会辅之。后于 1908 年废止。1915 年，民国政府起草了破产法草案，分为实体法、程序法、罚则三篇，计 317 条，但未施行。1934 年国民党政府颁布《商人债务清理暂行条例》。1935年公布《破产法》，1937 年修订该法第 27 条，将债权人会议为和解之决议时，应有出席债权人过半数之同意，而其所代表债权额，并应占无担保债权额的"3/4 以上"修改为"2/3 以上"。目前，这部《破产法》仍在我国台湾地区施行。

二、新中国的破产立法

新中国成立后，在 20 上世纪 50 年代初期，对无力偿还债务的私营企业，按破产的办法处理。社会主义改造完成以后，私人企业不复存在，国家对企业实行统收统支，盈亏全由国家包下来。不存在破产问题，随着经济体制改革的深入，有计划的商品经济的形成和发展，企业法人制度的确定，现实经济生活中不能偿还到期债务的问题引起人们的关注，解决不能清偿到期债务的破产法，重新受到人们的重视。

1985 年，我国在许多城市对集体所有制企业、全民所有制企业，进行了破产制度的试点工作。在全面总结试点工作经验的基础上，为适应我国经济发展的客观需要，1986 年 6 月，国务院向全国人大常委会提交了《中华人民共和国企业破产法（草案）》，提请全国人大常委会审议，经过三次会议认真严肃的审议，全国人大常委会于 1986 年 12 月 2 日通过了《破产法（试行）》。该法第 43

条规定："本法自全民所有制工业企业法实施满 3 个月之日起试行。"我国《全民所有制工业企业法》于 1988 年 4 月 13 日正式通过，1988 年 8 月 1 日正式实施。因此，1986 年通过的《破产法（试行）》于 1988 年 11 月 1 日起生效。

1986 年《破产法（试行）》的颁布，标志着我国破产法律制度已正式建立，具有划时代的意义。但是，该法适用的范围仅仅限于全民所有制工业企业，适用主体过于狭窄。于是 1991 年修订的《中华人民共和国民事诉讼法》（以下简称《民事诉讼法》）第十九章"法人破产还债程序"，将破产的主体由全民所有制工业企业扩大为法人企业。尽管如此，随着我国经济体制改革的深入，商事主体立法逐渐完善，加之市场经济自身的需要，1986 年《破产法（试行）》逐渐暴露出它的不足和缺陷。1994 年 3 月，全国人民代表大会财经委员会根据第八届全国人民代表大会常务委员会立法规划的要求，着手起草新的破产法。1995 年 9 月，草案提交全国人民代表大会常务委员会，由于种种原因未能通过，该草案后经多次修改，反复论证，对 1986 年《破产法（试行）》进行了全面的修订，终于由第十届全国人民代表大会常务委员会第二十三次会议于 2006 年 8 月 27 日通过，2007 年 6 月 1 日施行。《破产法（试行）》同时废止。

思考题

1. 如何正确理解破产的概念及其特征？

2. 破产制度的含义是什么？它应该包括哪些基本的法律制度？

3. 如何理解破产法的含义？如何理解破产法的地位？

4. 结合我国社会主义市场经济发展的规律，试述破产法的作用。

5. 结合破产法的自身特征，试述破产法的效力。

6. 破产程序与一般民事诉讼程序存在哪些区别？

7. 分析外国破产法律制度在各个历史发展阶段的主要内容及特征。

8. 试述破产法的历史沿革及其意义。

9. 回顾我国破产法律制度的发展历程，分析我国新破产法的创新和发展。

第 2 章
破产原因

【学习目的与要求】 破产原因是破产程序启动的起点，一个企业是否破产，重在考察这个企业是否存在破产原因。关于破产原因无论采用列举式，还是概括式，均以法律制度的形式加以规定。通过本章的学习，了解和掌握国外破产原因的立法体例；了解和掌握我国破产法规定的破产原因。

第一节 破产原因的立法体例

所谓破产原因，又称破产界限、破产条件，即指在何种情况下可以申请债务人破产，由法院依法受理破产案件，并宣告债务人破产的法律事实。

破产原因是破产法律制度当中的一个核心概念和一项重要的法律制度。破产原因是破产程序开始的前提，是法院受理破产案件、审查判断破产申请能否成立及能否作出破产宣告的法律依据。破产原因在启动破产程序当中具有重大的意义，对此进行研究十分必要。

关于破产原因的规定，传统的破产法在立法形式上主要有两种：一是列举式，二是概括式。主要原因都是债务人不能清偿到期债务，只是表达和认定方式有所不同。

一、列举式

英美法系的一些国家和地区，大都采用列举式规定破产界限。

如英国的 1914 年《破产法》第 1 条第 1 款规定的破产原因有：①债务人为了债权人的利益，将其在英国或其他地方的财产，让与或委付于受托人；②债务人为了诈欺债权人，将自己财产的全部或大部进行让与、赠与、交付或转移等行为者；③其他法律宣告债务人在自己财产上设立担保、设置优先权是为了诈欺的；④债务人对其债务曾有停止支付的事实或正处于停止支付状态，或曾通知债权人停止支付者。

此外，我国香港特别行政区《破产条例》、加拿大《破产法》以及美国1898年破产法也采用列举主义。但美国1978年修订后的破产法已改为概括式，实际以不能清偿为破产原因。

列举式的优点是破产原因一目了然，便于债权人了解情况，提出破产申请。缺点是经济现象非常复杂，在列举式中很难穷尽破产原因，有挂一漏万之弊，遇到没有规定的原因而导致破产的情况，便不容易认定。

二、概括式

概括式是将破产案件中最一般的原因，即"债务人不能清偿到期债务"抽象出来，作为破产的界限，各国破产法对此在文字上表达有所不同，但总体来说，只要债务人不能清偿到期债务，就有可能被申请宣告破产。如法国规定，债务人停止支付即可认定为不能清偿，可以申请破产。比利时规定，债务人只要有一项到期债务不能偿还，且资信不可靠，即可据此申请破产程序。荷兰规定，债务人至少有两项到期债务未还，经法院认定已处于停止支付状态，即使没有达到资不抵债，也可以被宣告破产。意大利规定，债务人不能正常地履行偿付责任，即达到破产界限。联邦德国规定，破产人不能支付即出现宣告破产的条件。概括式的优点是言简意赅，无论多么复杂的原因，只要债务人不能清还债务，就可以被申请破产。它有利于破产申请人和法院灵活掌握，具有较强的灵活性。

概括式的立法核心是不能清偿到期债务，是对破产原因的高度抽象和概括，具体表现为：

1. 不能清偿。所谓不能清偿是指债务人对请求偿还的到期债务因丧失清偿能力而无法偿还的一种事实状态。不能清偿是指债务人财产状况不足以去清偿已到期的债务。它是破产原因内在的、本质的表现，是从根本上说明债务人出现了破产的原因，因此不能清偿又叫支付不能或不能支付。不能清偿作为法律上的判断具体表现为：

（1）债务人丧失清偿能力。对此判断要从两个方面去考虑，其一是债务人的财产状况恶化，用自己现有的所有财产也不能清偿到期债务。其二是此时此刻债务人商业信誉低下不足以在银行借贷新的资金用于偿还旧债。以此表明债务人本人不能清偿到期债务，丧失清偿能力。

（2）不能清偿到期债务。已到期的债务是指已届清偿期而未履行的债务。这种未履行是客观上的不能，并非债务人主观上的故意。

（3）债务人不能清偿到期债务呈现为一定时期的持续的事实状态。一般情况下，企业在经营过程当中，由于种种原因，有可能暂时的出现对已到期的债务不能清偿的事实。对这种情况不能简单判断为该企业已丧失清偿能力，不能清偿到期债务。这种现象在企业的存续期间随时可能发生，如果权利人利益受到侵害，他可以依法对该企业提出民事诉讼，以得到个别受偿。因此不能以此从整体上判断该企业已出现破产原因。

不能清偿的到期债务应该是债务人的主要债务，且债务人对这些主要的债务到期不能清偿，一直呈现持续的事实状态。退一步讲，对这些主要债务就是再延期清偿，债务人还是不能清偿。以此表明该债务人在客观上确实出现了不能清偿的事实根据。

2. 停止支付。停止支付是指债务人向债权人表示自己丧失债务清偿能力的主观意思表示。停止支付是以债务人丧失了债务清偿能力为本质特征，同不能清偿是具有一致性的。

停止支付是债务人以主观意思作出的外部行为，而不是财产客观状况。它包括以明示、暗示表示的各种行为。停止支付应是持续一定时期的停止支付，而并非一时的中止支付。

停止支付是债务人丧失清偿能力的外在行为的表现，只要债务人持续存在停止支付这一事实，法律应该推定债务人已经丧失债务清偿能力。法院应该依法宣告债务人破产，及时维护债权人的合法权益。

3. 资不抵债。资不抵债是指债务人的所有资产不足以清偿全部债务，即债务数额大于债务人的资产总额。资不抵债作为债务人不能清偿的一种表现是针对法人企业而言的，因为法人企业以其财产为偿还债务的基础。一旦资不抵债，即使未到不能清偿的状态如果不宣告破产很有可能使债权人利益受到更大的损失。如德国《破产法》第19条规定，①对于法人，资不抵债也为开始原因。②债务人的财产不再能够抵偿现有债务，即为资不抵债。但在评估债务人财产时，根据各种情况显示仍然极有可能继续经营企业的，应以继续经营企业作为评估基础。③在无法律人格的合伙或公司的承担个人责任的股东中无自然人的，相应适用本条第1款和第2款。但承担个人责任的股东中有另外的合伙或公司、且其中有自然人为其承担个人责任的股东的，不适用此规定。[1]　由此可见，对法人企业除发生支付不能外，如果该法人资不抵债，也应就法人财产依法进行破产清算程序。

通过上述比较可以看出，清偿不能与停止支付虽然前者强调的是债务人的客观经济状态，后者强调的是债务人的主观行为，但两者在本质上是相同的。二者都是以债务人丧失债务清偿能力，不能清偿到期债务为本质特征。体现在立法上，停止支付就被推定为不能清偿。而资不抵债与前两者比较，明显存在着重大的差别，资不抵债的着眼点不是债务人的清偿能力，而是债务人财产与所负债务的比例关系，它对于充分保护债权人债权的实现有积极的作用。

第二节　我国破产法规定的破产原因

一、旧破产法的规定及其缺陷

1986 年《破产法（试行）》第 3 条第 1 款规定："企业因经营管理不善造成严重亏损，不能清偿到期债务，依照本法规定宣告破产。"这一规定是我国企业破产原因的法律确认，根据这一规定我国企业破产原因的成就必须具备两个条件。第一企业不能清偿到期债务；第二企业不能清偿到期债务是因企业经营管理不善，造成严重亏损所致。这两个条件是因果关系，企业经营管理不善是造成严重亏损的原因，不能清偿到期债务是结果，二者是有机的统一，离开任何一个条件，都不能够成企业的破产原因。

这一规定存在着立法上的缺陷，其表现如下：

1. 根据上述规定，全民所有制企业只有因"经营管理不善造成严重亏损，不能清偿到期债务"时才能依法宣告破产。如果因其他原因导致不能清偿债务的，依上述条文规定则不适用破产程序。这种立法规定将破产发生的原因和破产原因本身混为一谈。一个企业因不能清偿到期债务就应该依法宣告破产清算，实现破产立法的价值取向。但如果这种不能清偿到期债务不是因为企业经营管理不善，这类企业就不能及时地依法宣告破产，债权人利益就无法及时地得到保障。1986 年《破产法（试行）》作出的这种规定在实质上使很多企业本应依

---

〔1〕　李飞：《当代外国破产法》，中国法制出版社 2006 年版，第 19 页。

法破产而又不能宣告破产。

2. 企业破产原因的立法根据和认定标准单一。根据上述规定，"不能清偿到期债务"是唯一的判断标准。即使企业丧失清偿能力或者资不抵债，其实质已经出现了破产原因，也不能依法宣告破产。排除了企业丧失清偿能力和资不抵债，在立法上缩小了破产原因的范围。这一立法不符合破产法的立法精神。

3. 将上述规定列为破产原因，在司法实践当中，很难把握因"经营管理不善，造成严重亏损"的内涵和外延。严格意义上讲，这种表述缺乏法律上的操作性，其尺度把握仁者见仁，智者见智，很难统一。在现实生活中，容易造成极大的混乱，很难实现立法的目的和体现破产立法的价值取向。债权人的利益在此情况下很难得到及时的保障。其对于维护社会交易秩序的作用微乎其微。

基于上述原因，新《企业破产法》对此作了必要的修订。

二、新《企业破产法》规定的破产原因

2006 年施行的《企业破产法》第 2 条规定，企业法人不能清偿到期债务，并且资产不足以清偿全部债务或者明显缺乏清偿能力的，依照本法规定清理债务。依据这条规定，破产原因有两层涵义：

1. 企业法人不能清偿到期债务并且资产不足以清偿全部债务。这一涵义表明，企业法人作为债务人不能履行已届清偿期限的义务，且这种不能清偿持续一定时期，呈现出一种法律事实。这种不能清偿到期债务是一种客观的财产状况，究其原因是债务人资不抵债，即债务人所有资产数额小于其债务数额，在客观上债务人的财产不足以清偿全部债务。

2. 企业法人不能清偿到期债务并且明显缺乏清偿能力。企业法人不能清偿到期债务，在客观上呈现出缺乏清偿能力，这一事实表现在以下几个方面：其一，债务人的全部资产不足以清偿到期债务，并且债务人商业信誉低下。无财产向银行设置抵押取得新的贷款来清偿旧债。其二，到期的债务而不能履行，表明该债务人缺乏明显的清偿能力。其三，不能清偿到期债务，在一定时期内呈现出一种持续状态，表明不能清偿到期债务是破产原因的本质特征，缺乏明显的清偿能力是破产原因的外在评判标准。

新的《企业破产法》确立的破产原因，借鉴了国外破产立法的先进经验，适应了我国社会主义市场经济的客观需要，体现了破产立法的价值追求，在司法实践中既有严格统一的立法标准，又便于实际操作，极大限度的维护了债权

人的合法权益,保障了社会交易安全,为促进我国社会主义经济繁荣提供了立法保障。

思考题

1. 如何正确理解破产原因和破产程序的启动?
2. 如何正确理解我国破产法规定的破产原因?
3. 不能清偿到期债务丧失清偿能力与不能支付及资不抵债的联系、区别是什么?
4. 什么是列举主义?这种立法体例有哪些优点和不足?
5. 什么是概括主义?这种立法体例有哪些优点和不足?

第3章
▶ 破产申请与受理 ◀

【学习目的与要求】 通过本章学习，了解破产申请程序的启动，破产申请人的种类，提出破产申请时应提交的文件，破产案件的管辖，法院对破产清算的审查、裁定，破产案件的受理期限等知识，重点掌握法院受理破产申请后债务人的义务，债务人的债务人或者财产持有人如何清偿债务、交付财产，解除与中止有关债务人财产保全与执行程序，对破产申请受理前未履行完毕的合同如何处理，对债务人涉诉案件如何处理。

第一节 破产申请

一、破产申请概述

破产申请是当事人或利害关系人向法院提出的要求宣告债务人破产以清偿债务的请求。享有提出破产申请权利的人称为破产申请人。

新《企业破产法》中，整个破产制度和破产程序不再仅指破产清算，而包括破产清算、重整与和解。破产申请人可以申请破产清算，也可以申请重整及和解。法院受理破产申请，并不意味着当然就进入了破产清算程序，有可能是进入重整程序或和解程序。只有在法院宣告债务人破产后，才进入破产清算阶段。破产内涵的丰富使得破产申请也有了新内涵，破产申请包括破产清算申请、重整申请及和解申请三种。破产申请人可以直接提出破产申请，启动破产程序，也可以在破产程序启动后，提出申请，转换破产程序。因此，从这个角度而言，破产申请并不仅仅发生在破产程序启动之前，在破产程序启动后也会有破产申请的提出。

本章只对债务人申请破产清算、债权人申请破产清算、依法负有清算责任的人申请破产清算和国务院金融管理机构申请破产清算的情形给予说明。有关和解申请、重整申请将在以后章节中给予说明。

二、破产程序的启动

在破产程序的启动问题上，各国立法规定上存在申请主义和职权主义的区别。所谓申请主义，是指法院必须依据债权人、债务人等当事人的申请，才能受理破产案件，作出破产宣告，无权在无人申请的情况下，自行依职权启动破产程序，作出破产宣告。所谓职权主义，是指法院启动破产程序，作出破产宣告，并不以当事人的申请为必备条件，只要债务人发生破产原因，在法律规定的情况下，法院可以依职权受理破产案件，作出破产宣告。[1]

我国破产法在破产程序启动问题上，采取申请主义的原则。人民法院应当依据当事人等的申请启动破产程序。无人申请时，人民法院不得自动启动破产程序。

三、破产申请人

根据我国《企业破产法》的规定，有权启动破产程序的人为：债务人、债权人、对债务人负有清算责任的人和金融监管机构。

（一）债务人

债务人提出破产申请的案件称为"自愿破产"。债务人发动破产程序一般是为了通过这种程序清偿或缓解债务，并在清算完毕依照破产制度免除不能偿付的债务，退出市场。在破产法的发展历史中，债务人曾长期没有申请破产的权利。到了近代以后，破产法的宗旨从单纯保护债权人的利益，转化为对债权人与债务人的利益予以公平保障，债务人才得以享有破产的申请权。

一些国家的破产法规定债务人申请破产既是其权利，也是其义务。从权利角度看，申请破产可为债务人带来破产清偿后的免责等利益，债务人可以通过破产程序摆脱债务危机。从义务角度看，债务人最了解自己的经营状况和财务状况，在法定情况下要求债务人必须提出破产申请，可以防止债务人隐瞒破产情况，恶意膨胀债务，加重损害债权人的利益，影响社会经济秩序。我国《企业破产法》中未规定债务人申请破产的义务。

---

[1]　程春华：《破产救济研究》，法律出版社 2006 年版，第 211 页。

《企业破产法》原则上只适用于企业法人，因此，这里所指的债务人应当为企业法人。但是第135条规定："其他法律规定企业法人以外的组织的清算，属于破产清算的，参照适用本法规定的程序。"因此，在符合法律规定的条件下，债务人也可能是非企业法人。这无疑为非企业法人主体打开了破产清算之门，这符合市场经济的要求，体现了新的立法理念。但依照现行《企业破产法》的规定，个体工商户、农村承包经营户及其他自然人商事主体仍然不具备破产主体资格，人民法院暂不受理此类主体的破产清算申请，因此上述主体不可能成为破产申请的债务人。

（二）债权人

债权人申请破产又称"非自愿破产"，其历史可追溯到破产制度诞生之时。在早期破产立法中，除了国家机构外，债权人是唯一可以申请启动破产程序的主体。破产法的重要功能即在于公平保护债权人利益；当债务人的债务危及其债权时，债权人有权申请债务人破产，以求最大程度地满足全体债权人公平清偿的需要。

在破产法上，提出破产申请的债权人只能行使自己的请求权，一般认为，应当具备以下条件：①须为具有给付内容的债权请求权。排除了基于物权或人身权等无给付内容的请求权，特定物的原物返还请求权原则上无破产申请权，但因原物返还不能而转化为损害赔偿请求权的则有破产申请权；②须为法律上可强制执行的债权请求权。排除了丧失了申请执行权的债权，对于生效法律文书确定的给付内容，申请执行人在《民事诉讼法》第219条规定的申请执行期限内未申请执行的，丧失请求法院强制执行的权利；③须为已到期的债权请求权。排除了未到期的债权，未到期的债权因不具有强制执行性，因而权利人不具有申请破产的资格，但破产程序开始后，未到期债权视为已到期，从而享有参加破产程序的权利。

（三）对债务人负有清算责任的人

负有清算责任的人是指在"资不抵债"的企业解散后到清算完毕前，有义务向人民法院申请破产清算的人。对债务人负有清算责任的人就债务人破产提出申请，是《企业破产法》依据当前企业破产实际而增加的新内容，这一规定吸收了其他国家的立法经验。根据《企业破产法》的规定，依法负有清算责任的人，在企业法人符合破产条件时，负有提出破产清算申请的义务。该破产申请与债务人、债权人享有的破产申请权利不同，是提出破产清算申请的法定义务。不过，我国《企业破产法》并没有明确规定清算责任人不履行该义务应当承担的法律后果。

企业性质不同，其依法承担清算责任的人也不同。依据我国有关法律、法规的规定，企业法人的清算责任一般应确定在企业的上级单位、开办单位、投资企业、股东等范围内。例如，国有企业以企业的上级主管部门为清算责任人；集体企业以企业的开办单位、部门或投资人为清算责任人；联营企业以各投资主体为清算责任人；子公司以母公司为清算责任人；有限责任公司以股东为清算责任人；股份有限公司以公司章程规定负有清算责任的股东，或派员担任董事会成员的股东为清算责任人。

这里需要注意的是：①清算责任人以自己的名义向法院提出申请，即便他们可能是债务人的法定代表人，也是以自己的名义，无需得到债务人的法人机关（如董事会）的同意；②由于企业已经解散，清算责任人只能提起破产清算申请，而不能提起和解和重整申请；③清算责任人只能在企业解散后到清算完毕前这一期间，企业出现"资不抵债"情形时，才能行使破产清算申请权；④在企业解散后到清算完毕前，如果出现"资不抵债"的情况，清算责任人有义务向人民法院提起破产清算申请。这样规定使得债务人在解散后发现"资不抵债"时，能够从正常的解散清算程序转到破产清算程序，有效地防止债权人的利益受到损害。

四、提出破产申请时应提交的文件

《企业破产法》第8条指出："向人民法院提出破产申请，应当提交破产申请书和有关证据。"因此，向人民法院提出破产申请，应提交两方面的文件：一是破产申请书，二是说明破产申请书有关情况的证明文件。

（一）破产申请书的主要内容

破产申请书是申请人向法院提出破产申请的书面文件。在破产申请书中应当载明下列事项：①申请人、被申请人的基本情况。主要是指它们的自然情况，如名称或姓名、住所地、法定代表人或者负责人姓名、登记机关、委托代理人姓名及主体资格证明等。②申请目的。即明确申请的目的，是申请债务人重整、和解或者破产清算，人民法院根据申请人的意愿采用相关程序。③申请的事实和理由。即破产原因存在的事实和申请的法定理由。④人民法院认为应当载明的其他事项。应限于申请人可以提交的内容，而不应扩大到申请人无法提交或难以提交的内容，如法院可以要求债务人在破产申请书中载明其确认的所有债权人的名单和债权金额，但不可要求债务人在其提交的破产清算申请书中载明所有债权人的基本情况。

（二）申请证据

申请人在提交破产申请书的同时，应当提交可以证明其事实和理由的有关证据。主要包括债权发生的证据、债务性质和数额的证据、设有担保的证据以及其他与破产程序申请相关的证据。

申请人是债务人的，其提交的有关证据应是可以证明债务人"不能清偿到期债务，并且资产不足以清偿全部债务或者明显缺乏清偿能力"的证据；申请人是债权人的，其提交的有关证据应是可以证明债务人"不能清偿到期债务"的证据；申请人是负有清算责任的人的，其提交的有关证据应是可以证明债务人"资产不足以清偿债务"的证据。

（三）对债务人提出申请的特殊要求

债务人申请破产时，还应当提交财产状况说明、债务清册、债权清册、有关财务会计报告、职工安置预案以及职工工资的支付和社会保险费用的缴纳情况。

五、破产申请的撤回

破产申请，本质上是申请人民法院裁定债务人破产还债，消灭债务人的法人资格，以解决债务人与债权人之间既存的债权债务关系。申请人向法院提出破产申请是行使法律规定的权利，其撤回申请也是处分自己权利的表现，因此撤回破产申请作为申请人的一项权利应当允许。但对何时能够撤回，学者的观点不一。有的认为，在法院作出破产宣告之前，申请人可以撤回破产申请；在法院作出破产宣告后，不允许撤回破产申请。还有的认为，在法院受理破产案件前，允许撤回破产申请，并且对破产申请的撤回可以不加审查；在法院受理破产案件后，申请人则不得再撤回破产申请。

《企业破产法》第9条规定："人民法院受理破产申请前，申请人可以请求撤回申请。"从申请人的角度来看，申请人在法院受理破产申请前有请求撤回申请的权利，而从法院的角度来看，则由法院来决定是否准许申请人撤回申请。《企业破产法》未规定在法院受理破产案件后申请人能否撤回申请的问题。但即便允许申请人撤回申请，法院受理破产案件后，即是认定债务人已经发生破产原因，相关债权人的利益都要依赖破产程序保障，如果申请人提出撤回破产申请，法院应及时通知各债权人，若债权人表示异议，则可由其追加提出破产申请，以使破产程序持续进行；若债权人未表示异议，应当有条件地准予破产申请人撤回破产申请。这些条件包括：一是必须是债权人的真实意思表示，而不是迫于外部压力或者其他；二是必须是在破产财产处置和分配以前。如果企业财产已经被处置，此时程序已经不可逆转，准许撤回申请将会给债权债务各方造成不利的后果；三是必须以不损害国家、社会和他人利益为前提。同时在法院受理破产案件至裁定准许撤回申请期间产生的费用应由申请人负担。

但为防止滥用破产程序反复推迟债权人对其财产的执行，美国破产法规定，债务人提出破产清算申请后又撤回申请的，必须在 180 天以后才能再次提出破产清算申请。这一规定值得我们借鉴。[1]

第二节　破产受理

一、破产案件的管辖

《企业破产法》第 3 条规定对企业破产案件享有管辖权的为债务人住所地人民法院。其具体的适用方法新《企业破产法》没有涉及，所以根据《最高人民法院关于审理企业破产案件若干问题的规定》第 1、2 条关于地域管辖、级别管辖的规定，债务人住所地指债务人的主要办事机构所在地；债务人无办事机构的，由其注册地人民法院管辖。基层人民法院一般管辖县、县级市或者区的工商行政管理机关核准登记企业的破产案件；中级人民法院一般管辖地区、地级市（含本级）以上的工商行政管理机关核准登记企业的破产案件；纳入国家计划调整的企业破产案件，由中级人民法院管辖。另外，该规定第 3 条还规定了人民法院管辖权适用方面的例外，如上级人民法院审理下级人民法院管辖的企业破产案件，或者将本院管辖的企业破产案件移交下级人民法院审理，以及下级人民法院需要将自己管辖的企业破产案件交由上级人民法院审理的，依照《民事诉讼法》第 39 条的规定办理；省、自治区、直辖市范围内因特殊情况需对个人企业破产案件的地域管辖作调整的，须经共同上级人民法院批准。

---

[1]　潘琪：《美国破产法》，法律出版社 1999 年版，第 5 页。

法院收到申请人的破产申请书时，首先要确认的是该破产申请是否属于本法院管辖。接到破产申请的法院，审查后认为本院无管辖权的，应当立即将案件移送有管辖权的人民法院。如无管辖权的人民法院对债务人作出破产宣告，该破产宣告因违反法定程序而无效。如无管辖权的人民法院对申请人的破产申请作出驳回申请的裁定，该裁定也因违反程序而无效，不影响当事人再向有管辖权的人民法院提出破产申请。

二、法院对破产清算申请的审查

对于申请人的申请，受理法院要进行必要的审查，以便依据法律规定作出是否受理债务人破产申请的决定。

由于破产案件的受理对债务人的民事权利、经营活动、商业声誉将产生严重的影响，所以，人民法院在审查破产申请时，应充分保障当事人的权利，尤其应给当事人以充分表达意见的机会。因此，若提出破产申请的是债权人，人民法院应当自收到申请之日起 5 日内通知债务人。债务人对申请有异议的，应当自收到人民法院的通知之日起 7 日内向人民法院提出。

法院对破产申请的审查主要包括以下几个方面：

1. 审查破产企业的主体资格，以及是否符合《企业破产法》规定的破产原因。无论是债务人自行申请破产还是债权人申请破产的，均应审查破产企业的主体资格。依据《企业破产法》的规定，债务人应为依法设立的企业法人。企业法人以外的组织的清算，属于破产清算的，参照适用《企业破产法》规定的程序；同时必须有相应法律的明确规定，如《合伙企业法》规定，合伙企业不能清偿到期债务的，债权人可以依法向人民法院提出破产清算申请。但依照现行《企业破产法》，个体工商户、农村承包经营户及其他自然人商事主体仍然不具备破产主体资格，人民法院暂不受理此类主体的破产清算申请。

法院是否受理破产案件，还应根据《企业破产法》第 2、7 条的规定，审查债务人是否不能清偿到期债务且资产不足以清偿债务；或债务人不能清偿到期债务且明显缺乏清偿能力；或具有上述可能性，以决定是否立案受理。

2. 审查申请人是否具有申请资格。能够提出破产申请的主体，只能基于法律的明文规定。依据《企业破产法》第 7、134 条的规定，债权人和债务人都可以提出破产申请；在企业法人已解散但未清算或者清算未完毕，资产不足以清偿债务的情形下，依法负有清算责任的人应向人民法院申请破产清算；国务院金融监督管理机构可以向人民法院提出对金融机构进行破产清算的申请。除了上述法定主体以外的其他任何人都无破产申请权。

申请人是债务人的，提起申请的应是债务人章程约定的权力机构的行为，例如取得债务人股东会或董事会的有效决议确认。债务人如果为国有企业，还应当提交其上级主管部门同意其破产的文件。

申请人是债权人的，在债权人为自然人的情况下，提起申请的应是该自然人的本人行为或其本人的授权行为；在债权人为企业法人或其他组织的情况下，由于申请债务人破产清算只是债权人实现其债权的一种法律救济方式，所以，破产申请书上只需要其法定代表人或负责人签字并加盖该企业法人或其他组织公章即可，但该企业法人或其他组织的章程有相反约定的除外。

申请人是负有清算责任的人的，不仅应向法院提交债务人的章程，而且还应向法院提交证明自己是依据法律规定和债务人章程约定成立的负有清算责任的人的相关凭证。例如，债务人股东会作出的有关清算组成立的决议等。

3. 审查申请是否具备法定文件和有关证据。法院在审查并确定申请人的资格后，需要审查和确定的是申请人提交的破产清算申请书，是否载明有《企业破产法》第8条规定的所有事项，以及可以证明其事实和理由部分的有关证据。法院应当对这些证据的真实性、有效性和关联性进行初步的审查。

三、法院对破产清算申请的裁定

在对申请进行审查的基础上，接受申请的法院应根据不同情况作出受理、不受理或驳回申请的裁定。

（一）裁定受理

裁定受理即人民法院对申请人的申请进行审查后，认为符合法律规定，而以裁定的方式对案件予以受理的情形。对于决定受理申请的：

1. 人民法院应当及时将受理裁定送达申请人和债务人。《企业破产法》第11条规定："人民法院受理破产申请的，应当自裁定作出之日起5日内送达申请人。债权人提出申请的，人民法院应当自裁定作出之日起5日内送达债务人。"因此，与一般民事案件的受理不同，法院受理破产申请必须作出裁定，按照裁定的要求，如要告知当事人，需采用送达方式。在裁定送达后，任何企业、单位和个人都必须按照法院裁定的时间判断破产程序的启动时间，以便根据程序的要求参与相关活动。

2. 债务人应根据送达的受理裁定提交相关文件。债权人提出申请的，债务人应当自裁定送达之日起 15 日内，向人民法院提交财产状况说明、债务清册、债权清册、有关财务会计报告以及职工工资的支付和社会保险费用的缴纳情况。若是债务人自行提出申请的，上述文件资料在其提出破产申请时已经提交。

3. 人民法院发布通知与公告。即由受理破产申请的人民法院在裁定作出后 25 日内，将受理破产申请的情况通知已知债权人，并发布受理公告。

（1）书面通知。法院受理破产申请后，应当书面通知已知债权人，以便其申报债权，参加相关活动。因此，法院受理债务人申请破产的，要求债务人提供债务清册，法院受理债权人的破产申请的，要求债务人在收到法院受理裁定之日起 15 日内提供债务清册，以备法院确定已知债权人名单，并以书面方式通知债权人。需注意的是，该通知仅为形式上的通知，法院只需依照债务人提交的债务清册记载，以合理的书面通知方式，向记载的债权人地址发送通知即可。是否实质到达，不属于法院必须承担的责任。

（2）发布公告。破产程序是全体债权人集中行使权利、集中受偿的概括执行程序，通常而言，债务人的债务清册往往不能完全反映债务人的欠债情况，这既有主观原因，如债务人故意隐瞒等；也有客观原因，如产品责任导致的潜在债权人等。法院不能保证所有债权人均能以书面通知到。为此，在广泛范围内发布公告成为破产通知的补救手段。按照《企业破产法》第 14 条规定，公告内容应包括 7 项：①申请人、被申请人的名称或者姓名；②人民法院受理破产申请的时间；③申报债权的期限、地点和注意事项；④管理人的名称或者姓名及其处理事务的地址；⑤债务人的债务人或者财产持有人应当向管理人清偿债务或者交付财产的要求；⑥第一次债权人会议召开的时间和地点；⑦人民法院认为应当通知和公告的其他事项。

4. 人民法院裁定受理破产申请的，应当同时指定管理人。

（二）裁定不予受理

裁定不予受理，即法院对申请依法进行审查后，认为申请不符合企业破产法的规定，而以裁定形式决定不予受理案件的情形。法院不予受理破产申请主要有以下几种情形：①债务人无破产能力，不属于适用《企业破产法》的主体；②债务人已经清算注销；③债务人未丧失清偿能力；④债务人巨额财产下落不明；⑤债务人以逃债为目的申请破产；⑥债权人不能提供证明债权有效存在的证据；⑦申请人提供材料不合格且不能在合理期内补正等。

最高人民法院《关于审理企业破产案件若干问题的规定》第 12 条规定，人民法院经审查发现有下列情况的，破产申请不予受理：①债务人有隐匿、转移财产等行为，为了逃避债务而申请破产的；②债权人借破产申请毁损债务人商业信誉，意图损害公平竞争的。

（三）裁定驳回申请

驳回申请是法院在受理破产申请后，发现受理有所不当时，采取的对申请人提出的申请予以驳回的程序。法院受理破产申请后裁定驳回申请的主要情形有：

1. 不符合法律规定的受理条件。法院受理破产申请后，发现债务人不符合《企业破产法》第 2 条规定的条件，即不具备破产的原因的，应裁定驳回破产申请人的申请。

2. 恶意破产。法院受理破产申请后，经审查发现债务人有隐匿、转移财产等行为，意图借破产逃避债务的，或债权人借破产申请毁损债务人商业信誉，意图损害公平竞争的，应裁定驳回财产申请人的申请。

3. 巨额财产下落不明。法院受理破产申请后，经审查发现，债务人虽无恶意隐匿、转移财产、逃避债务的证据，但债务人巨额财产下落不明且无法合理解释财产下落的，法院可以裁定驳回破产申请人的申请。

（四）申请人对不予受理与驳回申请裁定的上诉

《企业破产法》第 12 条规定，人民法院裁定不受理破产申请的或裁定驳回申请的，申请人对裁定不服的，可以自裁定送达之日起 10 日内向上一级人民法院提起上诉。考虑到不予受理与驳回申请这两种裁定是对申请人相关权利的一种否定，所以法律规定对这两种裁定允许破产申请人向作出裁定的人民法院的上一级人民法院提出上诉。上一级人民法院审理对不予受理裁定或驳回申请裁定的上诉期限，《企业破产法》未作特殊规定，对此应适用《民事诉讼法》关于裁定上诉审理的一个月期限。对于上诉的审理也应根据《民事诉讼法》有关上诉即二审程序来进行。

《企业破产法》没有规定当事人是否可以对人民法院受理破产案件的裁定上诉，如果当事人对受理破产案件的裁定有异议的，可以依法向作出裁定的原审人民法院申请复议，但复议期间不停止裁定的执行。

四、破产案件的受理期限

《企业破产法》第 10 条规定："债权人提出破产申请的，人民法院应当自收到申请之日起 5 日内通知债务人。债务人对申请有异议的，应当自收到人民法院的通知之日起 7 日内向人民法院提出。……除前款规定的情形外，人民法院应当自收到破产申请之日起 15 日内裁定是否受理。有特殊情况需要延长前两款规定的裁定受理期限的，经上一级人民法院批准，可以延长 15 日。"

法院受理破产申请需要规定一定的时限，以便法院及时处理当事人的申请。《民事诉讼法》对法院受理一般民事案件规定了 7 日的审查受理时限，最高人民法院按照《民事诉讼法》的规定，在司法解释中规定法院受理破产申请的时限为 7 日。但是考虑到法院为谨慎受理破产申请，需要对申请进行认真审查，并且审查破产申请具有一定的复杂性，因此《企业破产法》将法院受理时限延长为 15 日。受理时限的延长，为法院有效预防恶意申请或破产逃债等提供了时间保障。

破产申请较为复杂，存在不少借破产逃债，损害债权人利益等情况，有些案件难以在 15 日内完成受理审查工作，《企业破产法》特别规定"有特殊情况需要延长前两款规定的裁定受理期限的，经上一级人民法院批准，可以延长 15 日"。按照一般民事诉讼程序的要求，当事人提交的起诉材料和证据以及诉讼请求、理由不符合法律规定的情形，人民法院可以自行决定延长受理期限。与民事诉讼法不同，《企业破产法》规定，收到破产申请的法院不能自己决定延长受理时限，如需延长要经上一法院的批准。这样规定有利于受理法院及时审查申请人提出的申请并作出相关裁定。

第三节　与破产申请受理相关的问题

一、法院受理破产申请后债务人的义务

（一）法院受理破产申请后，债务人有关人员的义务

1. 债务人的有关人员。为确保破产程序高效进行，债务人应与法院、管理人合作并协助管理人履行职责。因此，法律规定，从法院受理破产申请的裁定送达债务人之日起至破产程序终结之日，对掌握详细信息以及必须配合破产程

序顺利进行的有关人员的行为应进行一定的限制。依据《企业破产法》的规定，所谓的有关人员是指企业的法定代表人；经人民法院决定，可以包括企业的财务管理人员和其他经营管理人员。据此，在"有关人员"的确定上，法院有充分的决定权。

2. 债务人有关人员的法定义务。法院受理破产申请的裁定送达债务人之日起至破产程序终结之日，债务人的有关人员与法院及管理人合作的一项重要内容是交出财产控制权以及业务记录、账册，从而使破产管理人能够对债务人财产实施有效控制。基于此，债务人有关人员的法定义务主要有：①妥善保管其占有或管理的财产、印章、账簿和文书等资料；②根据人民法院、管理人的要求进行工作，并如实回答询问；③列席债权人会议并如实回答债权人的询问；④未经人民法院许可，不得离开住所地；⑤不得新任其他企业的董事、监事、高级管理人员。

债务人有关人员违背法定义务的，法院可以采取拘传、训诫、拘留、罚款等处罚方式；构成犯罪的，依法追究刑事责任。

（二）法院受理破产申请后，禁止债务人对债权人进行个别清偿

禁止个别清偿亦称清偿冻结，即自破产申请受理后，到财产分配前，债务人对个别债权人的清偿应予冻结。只有进行清偿冻结，才能保证整个清算财产的完整性，以实现清偿过程的公平。人民法院受理破产案件后，债务人应立即停止清偿债务。债务人仍然对个别债权人清偿债务的，有关清偿行为无效，已经清偿的财产，管理人有权主张返还。债务人的法定代表人、财务管理人或其他经营管理人员恶意对个别债权人提供优惠性清偿的，法院除裁定清偿行为无效，追回债务人财产外，还可以依照《民事诉讼法》第102、104条的规定，对直接责任人员进行处罚。

但是，《企业破产法》第37条规定："人民法院受理破产申请后，管理人可以通过清偿债务或者提供为债权人接受的担保，取回质物、留置物。前款规定的债务清偿或者替代担保，在质物或者留置物的价值低于被担保的债权额时，以该质物或者留置物当时的市场价值为限。"也就是说，债务人以其自有财产向债权人提供物权担保的，其在担保物价值内向债权人所作的债务清偿，不违背法律的规定。因物权担保债权人享有对担保物的优先受偿权，对其债务清偿可使债务人收回担保财产，可用于企业经营或对所有债权人的清偿，所以并不违反公平清偿原则。

法院受理破产案件后，债务人因正常生产经营需要所必须偿付的费用和职工解除劳动合同之前的生活所必须的费用，管理人接管之前应当经法院审查批准，管理人接管后由管理人决定。

二、法院受理破产申请后，债务人的债务人或者财产持有人应向管理人清偿债务或者交付财产

"债务人的债务人"是指对破产企业负有债务的自然人、法人或非法人组织。"债务人的财产持有人"是基于仓储、保管、加工承揽、委托交易、代销、借用、寄存、租赁等法律关系，占有、使用债务人财产的自然人、法人或非法人组织。

法院受理破产申请的同时，即要指定管理人，接管债务人财产与破产事务，此后，债务人的债务人或财产持有人应当向管理人清偿债务或者交付财产。为债务人的债务人和财产持有人设定这样的义务，有利于保全债务人的财产，避免债务人财产流失。

债务人的债务人或者财产持有人应向管理人清偿债务或者交付财产，是《企业破产法》规定的法定义务，若债务人的债务人或者财产持有人故意向债务人清偿债务或者交付财产，使债权人受到损失的，不免除其清偿债务或者交付财产的义务。也就是说，法院受理破产案件后，仍向债务人清偿或交付财产的行为，不具有清偿或交付财产的法律效力，有关债务人或财产持有人仍负有对债权人清偿或交付的义务。依据法律规定，认定债务人的债务人或财产持有人向债务人清偿债务或者交付财产的行为无效，并且不免除其继续清偿或者交付的义务，必须满足两个条件：

1. 行为人违反法律规定的行为是出于主观上的故意。即行为人明知破产申请已由法院受理，清偿或交付行为应向管理人为之，而仍向原债务人清偿债务或者交付财产的。在法院受理破产案件并已经发出相关通知和公告后，有关债务人或财产持有人因此得知破产案件债务人破产事宜，仍向债务人清偿或交付财产的，应认定故意违反法律规定。法院受理后，发出相关通知和公告前，有关债务人或财产持有人向债务人清偿的，管理人如提出清偿债务或交付财产的行为无效的，应承担举证责任，证明行为人已知破产事实而恶意清偿。

2. 行为人的清偿行为或者交付行为使债权人受到损失。这种损失主要表现为因行为人的违法清偿行为使债务人财产减少，间接对债权人权利造成损失。

在个别情况下，也可能对债权人造成直接损失，如债权人在财产持有人持有物上享有担保权益，而财产持有人的违法清偿行为使该财产的价值减损，从而直接对债权人造成损失。

债务人的债务人或财产持有人同时存在上述两种情况的，其继续清偿或者交付的义务不能免除，应在损失发生的范围内承担向管理人继续清偿债务或者交付财产的义务。

三、对破产申请受理前未履行完毕的合同的处理

"未履行完毕的合同"是指法院受理破产申请前，债务人与他人订立的、双方均有权利义务，在人民法院受理债务人破产申请后，仍未履行或未履行完毕的合同。仅债务人一方未履行，对方当事人可以据此申报债权；仅对方当事人一方未履行，债务人可以要求清偿债务。只有在双方均没有履行或没有履行完毕的情况下，才属于《企业破产法》规定的"未履行完毕的合同"。依据《企业破产法》的规定，对"未履行完毕的合同"的处理应遵循以下原则：

1. 是否继续履行由管理人决定。在一般的双务合同中，当事人一方未履行合同属于违约行为，对方当事人可以根据法律规定或合同约定解除合同。但在破产程序中，对这种合同的效力规则有所例外。因为在破产程序中，合同的履行与否关系到债务人财产、全体债权人利益或其他相关人利益，法律将这种未履行完毕的合同是否继续履行的决定权交给管理人，由管理人决定继续履行合同或者解除合同，并通知对方当事人。

依据《企业破产法》第26、69条的规定，管理人在第一次债权人会议召开之前决定继续履行合同的，此项决定应当取得法院的许可，在第一次债权人会议召开之后决定继续履行合同的，应报告给债权人委员会或法院。若管理人决定解除合同，无论此项决定是在第一次债权人会议召开之前或之后，均不必取得法院许可，也不必报告债权人委员会或法院。

2. 未履行完毕的合同对方当事人享有的权利。由于《企业破产法》将合同是否履行的决定权授予了管理人，管理人将以有利于债务人财产为原则决定是否继续履行，对方当事人处于相对被动、不利的状态。为此，法律在赋予管理人决定权的同时，赋予对方当事人两项权利：①催告权。即对方当事人可以就合同是否继续履行对管理人进行催告，促使管理人作出解除或继续履行的决定。管理人在收到催告后30日内未答复的，视为解除合同。②要求提供担保的权

利。即管理人决定继续履行合同的，对方当事人有权要求管理人提供担保。管理人不提供担保的，视为解除合同。但《企业破产法》没有规定担保的方式，也没有规定担保必须以对方当事人接受为条件。

3. 下列情形出现时，解除未履行完毕的合同。①管理人决定解除并通知当事人的；②管理人自破产申请受理之日起 2 个月内未通知对方当事人的；③管理人自收到对方当事人催告之日起 30 日内未答复的；④管理人决定继续履行合同但不提供担保的。

四、有关债务人财产保全与执行程序的解除与中止

人民法院受理破产申请后，意味着破产程序正式启动。而破产程序是概括的债务清偿程序，所有的无财产担保的债权人均需通过破产程序而获得清偿。此外，破产程序还是终极的、最后的执行程序。因此，人民法院受理破产申请后，必须遵循破产程序对于全体债权人进行平等保护的原则。而对于债务人财产的保全措施和执行程序是为保护特定债权人的利益而设立的，这与破产程序保护全体破产债权人公平受偿的原则相斥，因此，人民法院在受理破产申请后，有关债务人财产的保全措施应当解除，执行程序应当中止。为了维护债权人的利益，对"有关债务人财产"应当作广义理解，只要是与债务人有关的财产且该财产的执行会对债权人利益造成影响的，均应包括在内，如共有财产等。

（一）解除有关债务人财产的保全措施

有关债务人财产的保全措施，指的是《民事诉讼法》第九章规定的财产保全措施，以及《民事诉讼法》以外其他法律规定的保全措施。如《税收征收管理法》规定，税务机关认为纳税人有逃避纳税义务行为的，可对该纳税人采取税收保全措施。当法院受理破产申请后，发现有对债务人财产保全的，应立即通知相关实施保全措施的单位及时解除债务人财产的保全措施，由管理人统一接管处理债务人的财产。

但是，在对债务人财产解除保全措施后，若人民法院在受理破产案件后又裁定驳回破产申请的，原被解除的对债务人财产的保全措施最终应当如何处理，《企业破产法》中并没有具体规定。有学者认为，对债务人财产保全措施解除后，人民法院在受理破产案件后又裁定驳回破产申请的，已解除的有关债务人财产保全的措施不能自动恢复，但相关法院或部门均可以依法对债务人财产作

出新的保全措施。[1] 也有学者认为，在此种情况下，原已解除的财产保全措施应当自动恢复或优先恢复原状，以维护原采取财产保全措施者的权益，并避免恶意利用破产申请达到解除他人财产保全措施，在驳回破产申请后自己再抢先进行财产保全的欺诈行为。[2]

（二）中止对债务人财产的执行程序

对债务人财产的执行程序，指的是《民事诉讼法》第二十二章规定的执行程序的中止，以及《民事诉讼法》以外其他法律规定的执行程序的中止。如《行政处罚法》第六章专门规定了行政处罚的执行，当事人逾期不履行行政处罚决定的，作出行政处罚决定的行政机关可以采取将扣押财产拍卖、将冻结存款划拨抵缴以及申请法院强制执行等措施。对已提起的执行程序应当中止；已经审结但尚未申请或移送执行的，不得再提起新的执行程序；对于已执行终结的程序以及已部分执行完毕的财产，无溯及力。

依据法理，在同一财产之上不能同时并存两种性质冲突的执行程序，故破产程序启动后，有关债务人财产的其他执行程序应当中止。这一立法规定确立了破产程序优先于民事执行程序的原则，目的是保障对全体债权人的公平清偿。被中止的执行程序只限于有关债务人财产的执行程序，对债务人财产无关的执行如赔礼道歉、停止侵害、恢复名誉等不受此限。有物权担保的债权人即别除权人就担保物提起的执行程序，不应受中止效力的约束，除非当事人申请的是重整程序。因为别除权人就担保物享有优先受偿权，这种优先受偿权不仅是就担保物的价款优先受偿，而且包括不受破产与和解程序对债务清偿所作的各种限制优先受偿。所以，中止执行的效力自然也就不应及于别除权人就担保物提起的执行程序。

在对债务人财产的执行程序被中止后，若人民法院在受理破产案件后又裁定驳回破产申请的，原被中止的对债务人财产的执行程序最终应当如何处理，破产法中并没有具体规定。在这种情况下，应当区分下列三种情形分别作出相应处理：①人民法院驳回破产申请后，申请人在上诉期内未上诉的，在上诉期满后，应当恢复执行；②人民法院驳回破产申请后，申请人在上诉期内上诉的，如果上一级法院裁定维持原裁定，应当恢复执行；③法院驳回破产申请后，申

---

〔1〕　韩传华：《企业破产法解析》，人民法院出版社 2007 年版，第 64 页。
〔2〕　王欣新主编：《破产法》，中国人民大学出版社 2008 年版，第 80 页。

请人在上诉期内上诉的，如果上一级法院裁定宣告破产、重整或和解的，则应当终结原民事执行程序。

五、债务人涉诉案件的处理

债务人一般因丧失清偿能力而进入破产程序，在人民法院受理破产案件后，债务人多数还有其他涉诉案件，包括已经开始而尚未终结的有关债务人的民事诉讼或者仲裁，以及与债务人有关的新的民事诉讼案件。

（一）已经开始而尚未终结的有关债务人的民事诉讼或者仲裁的中止与继续

人民法院受理破产申请后，已经开始而尚未终结的有关债务人的民事诉讼或者仲裁应当中止。因为此时债务人已经丧失对财产的管理、处分权，自然也就丧失对破产财产权益继续进行诉讼的权利。破产程序开始后，债务人对其财产的权利和义务转移给管理人，因此诉讼权利和义务也转移给管理人。中止已经开始而尚未终结的有关债务人的民事诉讼或者仲裁的主要目的在于使管理人能够接管诉讼。在管理人接管债务人的财产后，该诉讼或者仲裁继续进行。

（二）有关债务人的新的民事诉讼，只能向受理破产申请的人民法院提起

人民法院受理破产申请后，有关当事人仍然可以提起有关债务人的民事诉讼，但只能向受理破产申请的人民法院提起诉讼。将案件的管辖权集中于受理破产申请的法院，一方面有利于法院处理案件的便捷性和专业性，另一方面有利于保护债务人财产和确保债权人平等清偿权利。

思考题

1. 何谓启动破产程序的申请主义和职权主义？谈谈对我国破产法在破产程序启动问题上所采取的原则。
2. 根据我国《企业破产法》的规定，有权启动破产程序的人有哪些？
3. 提出破产申请时应提交哪些文件？
4. 如何确定破产案件的管辖？
5. 你认为法院对破产申请应进行形式审查，还是实质审查？
6. 什么情况下法院可以对破产清算申请裁定不予受理或驳回申请？
7. 何谓债务人的有关人员？法院受理破产申请后，债务人有关人员的义务有哪些？

8. 法院受理破产申请后，债务人的债务人或者财产持有人应如何清偿债务或者交付财产？

9. 对破产申请受理前未履行完毕的合同应当如何处理？

10. 对破产债务人的涉诉案件应当如何处理？

第三章

第4章

破产管理人

【学习目的与要求】 破产管理人制度是我国《企业破产法》增加的一项重要内容，是对英美法系成熟法律制度的重要借鉴。破产管理人制度主要包括破产管理人的法律地位、选任、资质、职责、报酬、责任等一系列制度内容，本章内容规定在我国《企业破产法》第22~29条，共8个条文。由于该制度内容是我国《企业破产法》的新规定，因此，本章的内容均十分重要，是破产法的重点，尤其是破产管理人的法律地位、职责等内容，在学习中必须结合其他章节的相关内容重点理解掌握。

第一节 破产管理人概述

破产管理人制度是当前许多国家在破产法律制度中采纳的一项十分重要的法律制度，在破产案件中，破产财产的清理、处置、变价、分配等具体工作都直接关系到债权人、债务人以及其他利害关系人的切身利益，上述破产活动能否及时、高效、公正的开展便显得尤为重要。尽管破产活动置于法院的审判之下，但是，由于在破产过程中，破产事务琐碎、复杂、专业，破产又是民商事法律主体资格终结的一项带有私法性质的活动，因此，一个专业的、公正的、私法性质的破产管理人便应运产生。

一、破产管理人的概念

所谓破产管理人是指在破产程序开始后，为了加强对债务人财产的管理，保护债权人的利益，使债权能够公平受偿，而专门设置的负责实施对债务人财产的管理、清理、变价、处分、分配等事项的机构。破产管理人在不同国家和地区的破产法中的称谓有所不同，在英美法系国家多称为"破产受托人"或

"破产托管人"，在大陆法系国家多称为"破产管理人"，而在日本称之为"破产管财人"。我国旧的破产法使用清算组的概念，其在职能上相当于管理人。在破产案件实践中，进行破产财产管理的人员有时为多人，有时为一人，且其职能上并不只局限于清算这一项，所以"清算组"的称谓确有不妥之处，新的破产法借鉴大陆法系国家的一般称谓，将其改为更为科学的"管理人"。

二、破产管理人的法律地位

管理人是破产程序中一个十分重要的机构，其职责的正常履行，关系到债权人、债务人的切身利益。管理人在破产程序中的法律地位关系到管理人与债务人、管理人与破产程序中其他主体之间的关系定位，同时也关系到管理人具体的职责分配问题，因此，首先应当了解管理人的法律地位。关于该问题，国外学界大体有四种不同观点：代理说、职务说、破产财团代表说、信托说。

（一）代理说

代理说是关于破产管理人法律地位较早的学说，该学说认为，虽然破产程序是一种司法程序，破产程序置于法院的监督之下完成，但是在这一程序中，除法院以外，各主体之间都是一种私法关系，通过该程序最终要达到的目的是使债权人的债权得以公平受偿，因此，管理人实质上是代理人，其以他人名义在法定和约定的授权范围内履行职责，其行为的后果由债权人、债务人承担，最终债权人和债务人之间的债权债务关系因管理人的行为而终结。管理人在这一过程中，完全是基于他人法律关系的消灭而做出相应行为，并获得一定的报酬，符合代理的关系。根据被代理人的不同，该学说又有三种不同的观点，即债权人代理说、债务人代理说与债权人和债务人共同代理说。

代理说具有一定的合理之处，但也受到了学界的质疑：其一，如果管理人和债务人之间是代理关系的话，如何解释管理人可就债务人的行为行使撤销权？其二，如果管理人和债务人之间是代理关系的话，如何解释管理人在进行破产财产的处分时并非以作为"被代理人"的债务人或债权人的名义进行？其三，管理人的职责具有明显的法定性，其行为的开展并非基于"被代理人"的授权而为之。上述问题反映了代理说确实有不能自圆其说之处。

（二）职务说

职务说认为，破产程序是一个司法程序，是国家运用司法手段，为了保障市场秩序的安全运行，在审判机关的主导下，众多债权人对破产人财产的一种强制性的执行程序，该程序具有突出的公法性质，其目的是为了维护安全的市场秩序，保障社会正义的实现，而并非为了债权人或债务人的利益，因此，管理人在破产程序中既不代表债权人的利益，也不代表债务人的利益，其行为类似于公务机关公务人员的职务行为。

职务说也有一定的合理之处，但同样受到了学界的质疑：其一，管理人虽由法院指定，但其主要是由中介机构性质的律师、会计师等担任，其不具有公务身份；其二，管理人在破产程序中具有一定的独立性，在诉讼活动中具有独立的诉讼地位，可以以自己的名义起诉应诉，如果管理人由执行公务的国家机关担任，显然有不妥之处。

（三）破产财团代表说

破产财团代表说在 20 世纪 60 年代，由德国学者提出。该学说认为，破产程序一旦开始，债务人的财产即成为以破产清算为目的而独立存在的财产，这些财产由于其具有一定的独立性，又为了满足特定的目的而存在，因此，便被整体的进行人格化的法律技术构造，从而形成类似财团法人性质的破产财团，而破产管理人则是该破产财团的代表机关。

破产财团代表说较之于前两种学说，其合理性较为突出，能够比较合理的解释破产法上的一些问题和现象，因此该学说也是目前学界的主流学说。日本、德国以及我国台湾地区学界多持此观点。

（四）信托说

信托说是英美法系国家的主流学说。该学说以信托理论为基础，认为破产人为信托人，管理人是受托人，所有的债权人即为受益人，破产财产是信托财产。管理人作为受托人具有独立于法院以及其他主体的独立性，其基于信托目的，即全体债权人债权的公平受偿而进行信托财产的管理、处分和分配。

信托说是英美法系的主流学说，信托制度在英美法系国家的法律生活中具有重要的地位，发挥着重要的功能，但在我国，其制度功能的发挥尚有待于信托理念及其理论进一步为国民所接受。

三、我国学界关于破产管理人法律地位的认识

由于我国破产法仅规定破产管理人由人民法院指定，立法并未对破产管理人的法律地位进行明确界定，学界和实务界对于破产管理人的法律地位也未形成统一的观点，但大体来讲，代表性观点有以下几种：

（一）清算法人机关说

该学说认为，企业进入破产程序后，便成为清算中的法人，该法人以破产财产为其法人财产，以破产财产的清算、处分、分配为该法人的行为能力范围，因而，破产管理人即成为了该法人的机关，其对内进行清算事务，对外代表清算法人。

（二）专门机构说

该学说认为，管理人具有独立的法律地位，其既不是哪一个利益群体的代理人，也不是哪一个主体的代表机关，其应当是破产法特别规定的负责破产财产的管理、变价、处分、分配的一个专门机构，该机构具有相对完全的独立性。

（三）破产企业法定代表人说

该学说认为，破产管理人是破产企业的法定代表人，企业一旦进入破产程序，其原来的法定代表机关便失去其地位及权利，而破产管理人成为破产企业的法定代表人，其对外代表破产企业，进行必要的民商事行为和诉讼活动，对内则负责破产企业的财产管理、处分、变价和分配。破产管理人上述行为的法律后果则由破产企业予以承担。

国内学界上述观点也均具有一定的合理之处，对于解释破产中的问题和现象均有一定的说服力，因此，本书认为，采何种观点只是认识问题的角度有所不同，关键在于能否自圆其说，言之成理。本书就这一问题，不做统一要求，但研习者就我国破产管理人的法律地位至少应认识到以下共识之处：其一，破产管理人基于法院的指定产生；其二，破产管理人在破产程序中具有一定的独立性；其三，破产管理人执行破产事务的法律后果由破产企业承担。

第二节　破产管理人的选任、解任与辞任

一、破产管理人选任模式的立法例

关于破产管理人的选任问题，各国立法作出了不同规定，但大体来看主要有以下立法例：

（一）由法院选任模式

由于破产程序属司法程序，是借助于国家强制力使债权人的债权得以公平受偿，法院在破产程序中居于主导地位，控制着整个破产程序的进程，为了体

现这一点，因而规定在破产程序开始时，由法院选任破产管理人，该破产管理人向法院负责，其行为的开展受到法院的监督。日本、法国、意大利、西班牙等国采用该种立法例。德国的破产法中还规定如果债权人会议对法院选任的管理人不服，亦可向法院提出异议，但最终的决定权在法院。

这种破产管理人的选任模式，其优点是效率高，破产案件一开始，破产管理人便得以确定，并能够及时接管破产人的财产，尽快进行破产财产的清算，实现债权人的债权。但这一规定也容易导致法官权力过大、权力寻租、指定不公、不能照顾到债权人意愿等问题的出现。

（二）由债权人会议选任模式

破产程序最终目的是了结私法性质的债权债务关系，为了充分体现私法自治的精神，充分尊重债权人的意愿，保障债权人的权利，法律规定在破产程序开始后，应当首先召开债权人会议，由债权人会议选任破产管理人，在此之前，法院可任命临时性的管理人，一旦债权人会议确定管理人后，临时管理人的职责立刻终止。美国、加拿大等国采用该种立法例。

这种破产管理人选任模式，其优点是充分反映了私法自治的精神，充分体现了破产法尊重和保护债权人权益的立法宗旨，但是其缺点也是显而易见的，那就是破产管理人的选任效率较低，如果债权人意见分歧过大，甚至可能选不出管理人，有时还会出现所谓"大债权人"操纵管理人的情况，从而使管理人的独立性、公正性受到影响和质疑。

（三）双轨制选任模式

这种管理人选任模式，法院和债权人会议都具有重要的作用，但是依其主次地位的不同，又可分为两种：其一，以法院选任为原则，以债权人会议选任为补充的双轨制，如我国台湾地区的"破产法"规定，法院进行破产宣告时，应选任破产管理人，对于法院选任的破产管理人，债权人会议可在债权人中另行选任；其二，以债权人会议选任为原则，以法院选任为补充的双轨制，如英国破产法规定，任命某人为破产财产受托人的权力可由破产人的债权人全体会议、国务大臣以及法院行使。因此，通常情况下，应首先由债权人会议选任。

破产管理人不同的选任模式，体现了一国破产立法关于法院、管理人、债权人会议的法律地位及其相互间的关系的定位有所不同。定位于意思自治，彻底贯彻债权人在破产程序中的自治精神的立法，通常规定管理人由债权人会议选任。而定位于法院在破产程序中主导地位的立法，则规定管理人由法院指定。

但是，上述两种观点均带有一定的极端性，破产程序本身就带有私法程序与公法程序相结合的属性，两种极端的观点都不科学。在双轨制的选任模式中，只要进行科学合理的权责分配，应该是可以达到吸收前两者的优点，克服前两者缺点的效果的。

（四）俄罗斯推荐制与评议制相结合的选任模式

俄罗斯《联邦无支付能力法》第45条的规定，开辟了管理人选任的一种新办法，可将其称为推荐制与评议制相结合的选任模式。在该模式下，管理人的选任依下列程序进行：

1. 申请人（债权人会议）向列入全国性名单的管理人自律性组织提议由其推举候选人，并提出候选人的具体要求。

2. 该管理人自律性组织按照申请人的要求一次提出3名候选人，并将3人按职业水平递减的顺序排序。

3. 该自律性组织必须采用集体决定的方式，作出推荐管理人候选人名单的决议，并接受任何人对推选程序的信息查询。

4. 自接到申请人提议5日内，将附有管理人职业水平和推荐理由的结论性报告送交法院、申请人和债务人。

5. 申请人和债务人有权从候选人名单中各排除一名候选人，余下的候选人由法院指定为破产管理人。

6. 无论申请人和债务人是否行使上述排除权，法院均按最终候选人名单的职业水平顺序，指定条件最优者为破产管理人。[1]

（五）我国破产法关于破产管理人选任的规定

我国《企业破产法》的13条规定："人民法院裁定受理破产申请的，应当同时指定管理人。"该法第22条规定："管理人由人民法院指定。债权人会议认为管理人不能依法、公正执行职务或者有其他不能胜任职务情形的，可以申请人民法院予以更换。"因此，我国破产法关于管理人的选任的方式也具有一定的中国特色，原则上由法院指定，但同时赋予债权人会议一定的监督权，甚至是有条件的否决权。

破产程序主要是为了解决债权人债权的公平实现问题，债权人会议是全体

---

[1] 参见奚晓明主编：《最高人民法院关于企业破产法司法解释理解与适用》，人民法院出版社2007年版，第81页；李飞主编：《当代外国破产法》，中国法制出版社2006年版，第18～190页。

债权人利益的代表机关，赋予其对管理人选任的监督权以及有条件的更换权，能够充分体现破产程序的私法属性，彻底贯彻债权人在破产程序中的自治精神。但是，为了既体现权益分配的均衡，又提高程序效率，法律对债权人会议上述更换权的行使规定了一定的限制性条件，即一是债权人会议认为管理人不能依法、公正执行职务。这主要是指管理人不依照破产法的规定履行职责，或者债权人会议认为管理人履行职责不客观、公正。二是债权人会议认为管理人有其他不能胜任职务的情形。这主要是指管理人不具备一定的任职资格和能力，管理人的行为未能实现约定的目的，管理人有违法行为等情形。

我国《企业破产法》第 23 规定："管理人依照本法规定执行职务，向人民法院报告工作，并接受债权人会议和债权人委员会的监督。"因此，就管理人选任相关规定来看，我国应当实行的是一种法院指定，债权人会议监督的选任模式。这种选任模式有效的兼顾了破产效率与债权人自治之间的关系，是我国破产法的一个亮点。

二、破产管理人的解任

所谓管理人的解任，是指当出现法定情形时，依当事人申请或由有关机关依职权作出解除现任管理人职务，重新选任新管理人的法律事实。

（一）其他国家和地区关于管理人解任相关规定的介绍

各国法律对管理人的解任均作出了规定，例如，德国《破产法》第 59 条规定，破产法院可以因重大理由免除破产管理人的职务。免除可依职权或经破产管理人、债权人委员会或债权人会议的申请作出。法院在作出裁判之前应当听取破产管理人的意见。日本《破产法》第 167 条规定，法院可以根据债权人会议的决议、监察委员申请或依职权解任破产管理人。英国《破产法》第 95 条规定，破产管理人有下列行为之一时，可以依法撤换：①在破产清算期间，实施违法行为而构成犯罪或不依法履行职责的；②破产管理人任职期届满而没有延长任期必要的；③因患精神病、其他疾病或其他原因而不能履行职务的；④因与破产人、破产财团或个别债权人有关联而难以代表债权人全体利益公正履行职责的。美国《破产法》第 324 条规定，基于正当理由，法院经通知与听证程序可以免除联邦托管人以外的托管人或者监察员的职务。我国台湾地区的"破产法"第 85 条规定，法院因债权人会议之决议或监察人之申请或依职权，得以撤换破产管理人。

（二）我国破产法关于管理人解任的规定

我国《企业破产法》第 22 条第 2 款规定："债权人会议认为管理人不能依法、公正执行职务或者有其他不能胜任职务情形的，可以申请人民法院予以更换。"破产法就管理人更换的理由并未作出明确规定，但在最高人民法院出台的《关于审理企业破产案件指定管理人的规定》（以下简称《指定管理人规定》）中，就管理人更换事由作出了具体规定。该规定第 33 条规定："社会中介机构管理人有下列情形之一的，人民法院可以根据债权人会议的申请或依职权迳行决定更换管理人：①执业许可证或者营业执照被吊销或者注销；②出现解散、破产事由或者丧失承担执业责任风险能力；③与本案有利害关系；④履行职务时，因故意或者重大过失导致债权人利益受到损害；⑤有本规定 26 条规定的情形的。清算组成员参照适用前款规定。"该规定第 34 条规定："个人管理人有下列情形之一的，人民法院可根据债权人会议的申请或者依职权迳行决定更换管理人：①执业资格被取消、吊销；②与本案有利害关系；③履行职务时，因故意或者重大过失导致债权人利益受到损害；④失踪、死亡或者丧失民事行为能力；⑤因健康原因无法履行职务；⑥执业责任保险失效；⑦有本规定第 26 条规定的情形。清算组成员的派出人员、社会中介机构的派出人员参照适用前款规定。"因此，在我国，只要出现管理人法定解任事由时，无论是基于债权人会议的申请，还是基于法院职权的迳行行使，均可更换管理人。

就相关程序问题而言，《指定管理人规定》中也作出了明确的规定，债权人会议申请更换管理人的，应作出决议并向人民法院提出书面申请。人民法院在收到债权人会议的申请后，应当通知管理人在 2 日内作出书面说明，允许其就更换事由进行申辩。同时还规定，人民法院在接到债权人会议申请后，认为申请理由不成立的，应当自收到管理人书面说明之日起 10 日内作出驳回申请的决定；认为申请理由成立的，应当自收到管理人书面说明之日起 10 日内作出更换管理人的决定。

三、破产管理人的辞任

所谓管理人的辞任，是指管理人基于法律的规定或有正当理由的情况下，向特定机关（法院）申请辞去职务的法律制度。

（一）其他国家和地区关于管理人辞任相关规定的介绍

日本《破产法》第 160 条规定，破产管理人非有正当事由，不得辞去其职务。破产管理人欲辞去其职务时，应向法院提出申请。英国《破产法》第19条规定，管理人可以在任何时候被法院命令辞去或者在规定的情况下通知法院辞去职务。如果有下列情形，则管理人应当辞去职务：①不再有资格担任公司的破产执业人；②管理令被撤销。

（二）我国破产法关于管理人辞任的规定

我国《企业破产法》第29条规定："管理人没有正当理由不得辞去职务。管理人辞去职务应当经人民法院许可。"因为管理人是由人民法院指定产生的，对人民法院负责，所以管理人的辞任也应当向人民法院作出，由人民法院决定。对管理人任意辞任进行限制，可保障破产事务执行的连续性，有利于破产程序高效、顺利的进行，但如果管理人确有正当理由需要辞去职务，须经人民法院许可。

第四章

第三节　破产管理人的任职资格与报酬

一、破产管理人的任职资格

由于破产程序中所涉及破产财产的管理、清理、处分、变价、分配等事宜均具有相当的专业性，各国破产法大都规定破产管理人由具有一定专业知识、具备一定任职资格的专业化、市场化、社会化的中介性组织或专业人员担任，从而尽可能的保证破产程序的高效和公正。因此，有必要专门对破产管理人的任职资格问题予以研究。

（一）其他国家和地区关于破产管理人任职资格规定的介绍

德国《破产法》第56条规定，应当任命一名对具体案件而言合适的、特别是懂行且独立于债权人及债务人的自然人为破产管理人。

俄罗斯《联邦无支付能力法》第20条规定，符合下列要求的俄罗斯联邦公民可以成为仲裁管理人（破产管理人）：①以个体经营者身份登记注册；②具有高等教育学历；③从事管理工作的工龄，累积不少于2年；④通过仲裁管理人（破产管理人）培训课程的理论考试；⑤经过至少6个月的实习期，在实习期间作为仲裁管理人（破产管理人）的助手；⑥没有在经济领域的犯罪前科，也没有中等严重的、严重的、特别严重的犯罪前科；⑦是某一自律性组织的成员。

在美国，破产管理人被称为受托人，必须取得联邦政府颁发的从业资格及执照，而要想取得破产受托人的资格必须满足下列条件：①要有良好的道德操守；②具备与债务人良好的沟通能力；③具备大学本科以上学历；④具备个人融资经验。同时，美国破产法还规定，在破产程序中，下列人员可以担任受托人：一是有能力履行受托人职责，并且在清算、重整等案件的司法管辖区内或者在毗邻的司法管辖区内居住或者拥有办事机构的个人；二是依据公司章程或者法律规定授权担任受托人的公司，并且在清算、个人破产等案件中，在至少一个此类司法管辖区内拥有办事机构。除该法另有规定外，如果在选任后 6 日内，在开始履行管理职责前，已经向法院提供保证，该保证以联邦为受益人，以忠实履行管理职责为条件，受托人取得资格。受托人应该按照规定提交规定数额的保证金。[1]

英国也对破产管理人的任职资格规定了严格的条件，按照英国相关法律规定，在破产程序中任职的人员限于法律承认其资格的从业人员，而取得任职资格的方式为：参加政府承认资格的职业团体或持有法律规定的有权机构的授权。要想通过上述方式取得资格，必须具有教育、实践和经验。同时英国破产法还规定，担任破产执业人员为适当履行职能，应提供有效的、符合法律规定的担保或保证。

我国台湾地区的"破产法"规定，破产管理人应在会计师或者其他适于管理该财产的人中选任。

从上述介绍可看出，尽管各国（地区）法律对破产管理人的任职资格规定不尽相同，但是，各国（地区）均要求破产管理人应当由具备一定专业知识、受到良好教育、甚至是具备一定经济基础的机构或人员担任。这样破产程序才可能有保障的高效进行，并获得公正的法律效果。

（二）我国破产法关于破产管理人任职资格的规定

1. 管理人选任范围（积极资格）。我国《企业破产法》第 24 条规定，管理人可以由有关部门、机构的人员组成的清算组或者依法设立的律师事务所、会计师事务所、破产清算事务所等社会中介机构担任。人民法院根据债务人的实际情况，可以在征询有关社会中介机构的意见后，指定该机构具备相关专业知识并取得执业资格的人员担任管理人。因此，根据我国法律，管理人包括两大类，即机构管理人和自然人管理人。同时为了保证对个人管理人失职行为所产

---

〔1〕 安建、吴高盛主编：《企业破产法实用教程》，中国法制出版社 2006 年版，第 29 页。

生的民事责任的追究，法律还规定，个人担任管理人的，应当参加执业责任保险。从上述规定可以看出，我国破产法从积极的一面，主要规定了担任破产管理人的选任范围，不在该选任范围内的机构和人员是不能购担任破产管理人的。具体讲，破产管理人的选任范围包括：

（1）有关部门、机构人员组成的清算组。由于我国还处于社会主义市场经济建设阶段，计划经济体制下，原有的国有企业依然存在，有些企业可进行公司改制，从而成为新的市场经济主体，但有些企业多年亏损，改制已无必要，惟有进行所谓政策性破产方能兼顾多方利益主体的权益，使经济矛盾、社会矛盾相对平稳地解决。因此，法律规定，可由这些企业的上级主管部门或特定机构的人员组成的清算组担任破产管理人。但是并非任何情况下，清算组都可以担任管理人，为此，《指定管理人规定》中对清算组担任管理人的案件范围作了明确的要求：①破产申请受理前，根据有关规定已经成立的清算组，人民法院认为符合司法解释有关规定的；②破产法第133条规定的案件，即纳入国家计划的国有企业政策性破产案件；③有关法律规定企业破产时成立清算组的，如根据我国《保险法》、《商业银行法》的相关规定，要求保险公司和商业银行在破产时，应当由有关监督管理机构及其人员成立清算组；④人民法院认为可以指定清算组为管理人的其他情形。

（2）律师事务所、会计师事务所。由律师事务所或会计师事务所担任管理人充分体现了管理人专业化的要求，也是大多数国家采纳的做法，但是稍有不同的是，其他国家大多是由律师或会计师个人担任管理人。我国破产法规定由事务所担任管理人既可体现管理人专业化的要求，同时事务所相对于个人而言，其经济实力较强，对破产财产的管理过程中导致的民事责任具有较强的承担能力，因此，律师事务所或会计师事务所有可能将成为我国破产管理人的主要担当者。

（3）破产清算事务所。破产清算事务所是依法设立的专门从事破产清算事务的专业服务机构。其性质上应当是商业性中介组织。目前，我国法律对破产清算事务所的主体形式、组织机构等未作出明确的规定。因此，立法应当对破产清算事务所的设立条件、从业人员的任职资格等问题尽快作出明确规定，从而更好的为破产案件服务。

除上述三个机构以外，无论从破产法立法用语上看，还是从《指定管理人规定》上看，其他机构都不得担任管理人。

（4）中介机构中具备相关专业知识并取得执业资格的个人。尽管通常认为，个人无论在能力上、信用上还是责任承担上都不如一个组织或机构，但是个人担任破产管理人确是国际上的通行做法。应该讲，在具体事务的开展上，个人和机构各有利弊。但是，在实践中，对于那些企业规模小、债权债务关系简单的破产案件由个人担任管理人，既可实现破产目的，又可节约破产成本，一举两得。因此，法律规定，在由法院征求有关中介机构的意见后，可指定符合条件的个人担任破产管理人。《指定管理人规定》中也规定，对于事实清楚、债权债务关系简单、债务人财产相对集中的企业破产案件，人民法院可指定管理人名册中的个人担任管理人。

2. 消极资格。大多数国家的立法也都对管理人消极资格作出规定，我国破产法也不例外，《企业破产法》第24条第3款规定："有下列情形之一的，不得担任管理人：①因故意犯罪受过刑事处罚；②曾被吊销相关专业执业证书；③与本案有利害关系；④人民法院认为不宜担任管理人的其他情形。"具体来讲：

（1）因故意犯罪受过刑事处罚。管理人除了应当具备相应的专业素质以外，还应当遵守一定的道德准则，法律作为最低要求的道德准则，如果被触犯，那就谈不上其他更高的道德准则要求。因而，破产法将管理人的道德准则要求的下限设定在"因故意犯罪受过刑事处罚"这一标准上，应当注意的是，在犯罪理论中，通常认为故意犯罪的主观恶性是要大于过失犯罪的，因此，破产法仅规定因故意犯罪受过刑事处罚的人不能担任管理人，而过失犯罪不在此限。

（2）曾被吊销相关专业执业证书。作为律师、注册会计师等专业人员，其从事特定的行业首先应当通过一定的资格考试，进而再取得执业证书方可进行执业活动。这些人员在进行专业的执业活动时必须遵守该行业的职业操守和行业准则，否则将可能被吊销执业证书。实践中，如因法定原因被吊销执业证书的人员，在满足一定期限和条件的情况下，是有可能重新获得执业资格和相关证书的，但是，破产法在此作了十分严格的规定，那就是，只要曾被吊销过执业证书，无论是否又重新获得执业资格，均不得担任破产管理人，这是一种终身禁入的规定。

（3）与本案有利害关系。所谓与本案有利害关系，是指作为管理人的人选，与破产企业或其债权人具有某种人身或利益关系，该关系可能会影响其独立、客观、公正的从事破产财产的管理工作，从而损害破产企业或其他债权人权益。

如长期担任破产企业的法律顾问、独立董事，或与破产企业、某一债权人具有某种特殊的人身关系等，不得担任破产管理人。立法在此并未对"利害关系"作明确的定义或进行明确列举，在具体的司法实践中，将由法官裁量。

（4）人民法院认为不宜担任管理人的其他情形。这是一个兜底条款，立法不可能将实践中的情形逐一列举，实践中，还有一些其他因素也可能会影响到管理人的执业行为，例如，管理人的诚信口碑、管理人的身体状况等均有可能影响其担任管理人，因为管理人是由人民法院指定的，因此只要人民法院认为不宜担任管理人的，该机构或个人就不能担任管理人。

二、破产管理人的报酬

破产管理人执行了职务，付出了劳动，因此有权获得报酬。

（一）其他国家关于管理人报酬规定的介绍

有些国家的法律规定，管理人的报酬可由法院决定。例如，德国《破产法》第 63 条规定："破产管理人有权为其事务执行活动请求酬金并有权请求归还适当的垫款。酬金的一般数额依照破产程序终结时破产财产所具有的价值计算。对破产管理人执行事务的规模和难度以对一般数额的变通予以考虑。"该法 64 条规定："破产法院以裁定确定破产管理人的酬金和应向其归还的垫款。"日本《破产法》第 87 条规定："破产财产管理人可以接受预付的费用及法院确定的报酬。"美国《破产法》第 326 条规定："在依据第七章或第十一章规定的案件中，法院可以依据第 330 条的规定，对托管人提供的服务支付合理的补偿。该补偿在管理人实施服务后支付，并依据托管人在案件中支付或移交给当事人（不包括债务人，但包括股权持有人）的所有款项而定。金额在 5 000 美元以内的，不应超过其款项的 25%；金额在 5 000 美元以上，5 万美元以下的部分，不应超过其款项的 10%；金额在 5 万美元以上，100 万美元以下的部分，不应超过其款项的 5%；金额在 100 万美元以上的部分则不应超过其款项的 3%。"因此，由法院确定管理人的报酬时，通常要考虑案件的复杂性、破产财产的规模、管理人付出的精力等因素，像美国则规定一个上限标准，法院可在该限度内视情况具体确定。

有些国家的法律规定管理人的报酬由债权人会议或其他部门决定。例如，英国《破产法》规定，如管理人是由贸工部产生的，则其报酬由贸工部确定。否则，管理人的报酬由债权人会议或由其授权的监察委员会确定。俄罗斯《联邦无支付能力法》第 26 条规定，破产管理人因履行其职权每月所得的报酬数额，由债权人（债权人会议）确定，破产法院批准，如果联邦法律没有不同规定，该报酬数额应当不少于 1 万卢布。债权人、被授权机关或债权人会议，可以确定破产管理人的额外报酬，该额外报酬由法院批准，由债权人支付，并根据破产管理人的履职结果予以支付。

（二）我国《企业破产法》关于管理人报酬的规定

我国《企业破产法》第 28 条第 2 款规定："管理人的报酬由人民法院确定。债权人会议对管理人的报酬有异议的，有权向人民法院提出。"同时该法第 22 条第 3 款规定："指定管理人和确定管理人报酬的办法，由最高人民法院规定。"

由此可见，在我国，管理人的报酬由人民法院最终确定，但债权人会议对管理人报酬的确定具有知情权和异议权。

关于确定管理人报酬的具体办法，最高人民法院专门出台了《关于审理企业破产案件确定管理人报酬的规定》（以下简称《确定管理人报酬的规定》）。该规定指出，管理人获得的报酬是因其付出劳动而获得的报酬，不包括因进行破产管理工作支付的其他费用。《确定管理人报酬的规定》第 2 条规定："人民法院应根据债务人最终清偿的财产价值总额，在以下比例限制范围内分段确定管理人报酬：①不超过 100 万元（含本数，下同）的，在 12% 以下确定；②超过 100 万元至 500 万元的部分，在 10% 以下确定；③超过 500 万元至 1 000 万元的部分，在 8% 以下确定；④超过 1 000 万元至 5 000 万元的部分，在 6% 以下确定；⑤超过 5 000 万元至 1 亿元的部分，在 3% 以下确定；⑥超过 1 亿元至 5 亿元的部分，在 1% 以下确定；⑦超过 5 亿元的部分，在 0.5% 以下确定。担保权人优先受偿的担保物价值，不计入前款规定的财产价值总额。高级人民法院认为有必要的，可以参照上述比例在 30% 的浮动范围内制定符合当地实际情况的管理人报酬比例限制范围，并通过当地有影响的媒体公告，同时报最高人民法院备案。"

管理人报酬的多少，直接涉及债权人的利益，还涉及管理人管理破产事务的积极性和工作效率，报酬太高，势必会减少破产财产，影响到债权人的利益；报酬太低，则影响管理人工作的积极性，难以吸引高素质的专业人才高质量的完成破产事务的管理工作，因此，确定管理人的报酬实际也是对债权人利益和管理人利益进行平衡后的结果。法律在此只规定了一个上限的基本标准，具体报酬的确定，由法院根据实际情况在该比例限额内最终确定。

第四节　破产管理人的义务与职责

一、破产管理人的义务

管理人经法院的指定而产生，其履行职务，获得报酬，在管理破产事务的过程中还应当承担一定的法定义务，最重要的是管理人应勤勉、忠实的执行职务，尽善良管理人的注意义务。例如，德国《破产法》第60条规定："破产管理人有过错的违反其依本法所负有的义务的，对全体当事人承担损害赔偿义务。破产管理人应当承担一个正派和认真的破产管理人所应尽的注意义务。"日本《破产法》第85条规定："破产财产管理人必须以善良管理人的注意，行使其职务。破产财产管理人疏忽前款的注意时，对利害关系人负连带损害赔偿责任。"韩国《破产法》第154条规定："破产管理人应以优良的管理者的注意履行其职务；管理人玩忽前项之职守时，该管理人对利害关系人有赔偿损失的责任。"我国台湾地区"破产法"第86条规定，破产管理人应以善良管理人之注意，执行其职务。所谓善良管理人之注意，即一个抽象的、聪明能干的、具有相当知识和经验技能的人应达到的注意程度。在英美法系国家，因基于信托理论，所以管理人的注意义务适用信托法上受托人的注意义务，主要包括忠实义务和谨慎义务。

就我国《企业破产法》而言，管理人除了应当承担依法履行职务的义务以外，还应当承担以下的义务：

1. 向法院和债权人会议报告工作的义务。《企业破产法》第23条规定："管理人依照本法规定执行职务，向人民法院报告工作，并接受债权人会议和债权人委员会的监督。管理人应当列席债权人会议，向债权人会议报告职务执行情况，并回答询问。"同时《企业破产法》还规定了管理人在日常管理行为中涉及有些事项，应当及时向债权人委员会及人民法院报告。该法第69条规定："管理人实施下列行为，应当及时报告债权人委员会：①涉及土地、房屋等不动产权益的转让；②探矿权、采矿权、知识产权等财产权的转让；③全部库存或者营业的转让；④借款；⑤设定财产担保；⑥债权和有价证券的转让；⑦履行债务人和对方当事人均未履行完毕的合同；⑧放弃权利；⑨担保物的取回；⑩对债权人利益有重大影响的其他财产处分行为。未设立债权人委员会的，管理人实施前款规定的行为应当及时报告人民法院。"

2. 个人管理人应参加执业责任保险的义务。《企业破产法》第24条第4款规定:"个人担任管理人的,应当参加执业责任保险。"管理人在执行职务的过程中是有可能给债权人和债务人利益造成损害的,因个人承担责任的能力有限,因此,个人管理人参加执业责任保险,可保证其行为给债权人、债务人利益造成损害时受害人能得到充分救济。

3. 忠实、勤勉义务。《企业破产法》第27条规定:"管理人应当勤勉尽责,忠实执行职务。"人民法院在指定管理人时,通常对管理人的道德修养、知识水平、职业素质等是有一定的了解的,因此作为管理人,其在执行职务时,应当应当尽到一个善良管理人的注意义务和忠实义务,不得为债务人或债权人牟取不当私利,也不得为自己牟取私利。

具体讲,管理人的忠实义务应当是其承担的首要义务,它要求管理人不得作出损害债权人、债务人和其他利害关系人的行为,不得将其个人利益置于债权人利益之上,不得利用管理破产事务获得不当的私利,管理人必须以一颗公正的良心对待破产管理事务。在实践中,管理人的忠实义务通常表现在以下几点上:①管理人不得因自己的身份而受益;②管理人不得收受贿赂、某种秘密利益或所允诺的其他好处;③管理人必须严守竞业禁止原则;④管理人非经允许不得擅自泄露破产企业的商业秘密;⑤管理人不得侵吞破产财产及其掌握的其他财产(如别除权的标的财产);⑥管理人不得利用破产财团的信息和商业机会。

善良管理人的注意义务,要求对管理人作出的行为,应当以具有相当知识或经验的人在为具体行为时的注意程度来进行判断,其比一般人的注意程度显然要高。在实践中,管理人的注意义务通常表现在以下几点上:①谨慎接管债务人移交的全部财产和与财产有关的一切账册文件;②认真履行对破产财产的管理处分,包括保管清理破产财产、继续经营债务人的事业等;③认真履行对破产债权的调查审查;④对取回权、别除权的标的物进行善良管理;⑤尽心处理各种诉讼、仲裁活动;⑥依法变价和分配破产财产;⑦向法院、债权人会议和其他利害关系人报告工作和通报信息;⑧请求召开债权人会议;⑨审慎选择委托提供相关服务的专业人士;⑩与破产程序相关的其他注意义务。[1]

---

[1] 刘德璋:《新企业破产法理解与操作指南》,法律出版社2007年版,第148~149页。

二、破产管理人的职责

破产管理人的职责是破产管理人执行职务的范围，其主要是对破产财产实行管理权和处分权。破产管理人的职责是各国关于破产管理人立法的重点，归纳起来，破产管理人的职责大都包括以下几个方面：①接管债务人的财产、账簿、文书、资料等；②管理、清理、处分债务人的财产；③营业管理权；④代表债务人参加诉讼或仲裁；⑤对破产财产进行变价、分配等。

我国《企业破产法》对管理人的职责规定了 9 项之多，该法第 25 条规定："管理人履行下列职责：①接管债务人的财产、印章和账簿、文书等资料；②调查债务人财产状况，制作财产状况报告；③决定债务人的内部管理事务；④决定债务人的日常开支和其他必要开支；⑤在第一次债权人会议召开之前，决定继续或者停止债务人的营业；⑥管理和处分债务人的财产；⑦代表债务人参加诉讼、仲裁或者其他法律程序；⑧提议召开债权人会议；⑨人民法院认为管理人应当履行的其他职责。本法对管理人的职责另有规定的，适用其规定。"具体讲：

（一）接管债务人的财产、印章和账簿、文书等资料

这是管理人就任后的首要任务，管理人就任后，应当立即全面接管债务人的各项财产，包括有形的、无形的；各种权证、证照，包括财产权证、营业执照、纳税证照等；印章，包括行政章、财务章、合同章等；账簿，包括企业所有的账簿资料，各种明细账、总账、会计报表以及原始凭证等；文书，包括企业的经济合同文书、劳动合同档案、人事档案、企业章程等组织管理资料与文书等。只有实现对债务人财产和事务的全面接管和控制，才能防止损害债权人利益的行为发生，才能为接下来的破产管理事务的顺利进行打好基础，做好铺垫。

（二）调查债务人财产状况，制作财产状况报告

管理人在接管了债务人财产以后，应当立即根据企业的会计资料、相关证照等法律资料，对接管财产进行盘点、清查，并据实制作财产状况报告，向人民法院和债权人会议进行报告，从而为破产财产的清算等工作做好准备工作。

（三）决定债务人的内部管理事务

一旦指定破产管理人，破产企业的原内部管理机关就失去管理职权，而由管理人承担。例如：破产企业的人员去留问题、留守人员的分工问题、是否聘用其他专业人员协助执行破产事务问题等都由破产管理人决定。

（四）决定债务人的日常开支和其他必要开支

管理人在接管债务人企业后，要进行破产企业的管理、债务人财产的清理、处分等一系列工作，这势必会产生一些必要的日常开支和其他必要开支，这些支出的具体金额都由管理人决定。

（五）在第一次债权人会议召开之前，决定继续或者停止债务人的营业

管理人有权决定继续或停止债务人的营业，这是国际上通行的做法。从法院裁定受理破产案件到第一次债权人会议召开之间，债权人会议尚未举行，但可能会面临一定的市场机遇，此时只能由管理人决定是继续或停止债务人的营业，但是，管理人的这一决定却关系到债权人权益的实现，对债权人而言是风险与利益同在，出于谨慎之目的，《企业破产法》第26条规定，在第一次债权人会议召开之前，管理人决定继续或者停止债务人的营业的，应当经人民法院许可。

（六）管理和处分债务人的财产

管理和处分债务人的财产是管理人最为重要的职权。该职权的行使将直接关系到债权人在破产清算中债权的实现程度。实践中，该职权的行使通常包括以下几个具体内容：①决定债务人未履行或未履行完毕的合同的解除或继续履行；②清理、回收债务人的财产、债权；③审查、确认取回权、别除权、抵销权等权利；④行使撤销权；⑤处理破产财产，对破产财产中的非货币财产进行变现。

（七）代表债务人参加诉讼、仲裁或者其他法律程序

管理人确定后，其便成为债务人对外的法定代表机关。人民法院在受理破产申请前，对债务人已经开始的诉讼、仲裁或其他法律程序，在破产案件受理时需中止，待管理人确定后，由其代表债务人参加诉讼、仲裁和其他法律程序。在破产案件受理后，为了债权人的利益，管理人也有权代表债务人提起新的诉讼、仲裁和其他法律程序。

（八）提议召开债权人会议

管理人认为有必要时，可以提议召开债权人会议。

（九）人民法院认为管理人应当履行的其他职责

由于破产事务专业、复杂、琐碎，立法虽列举了管理人主要的职责，但不可能将管理人全部的职责予以完全罗列，因此，通过该弹性条款，其功能上也

是对人民法院的一个授权，即授权人民法院在具体的破产案件中，根据具体情况，决定管理人应当履行的其他职责。

《企业破产法》第 25 条以列举的方法概括了管理人的主要职责，但并非全部职责的列举，该法其他一些条文也涉及到了管理人的职责，如第 79 条规定，管理人应当自人民法院裁定债务人重整之日起 6 个月内同时向人民法院和债权人会议提交重整计划草案；第 90 条规定，管理人负责监督重整计划的执行；等等。

思考题

1. 简述破产管理人的概念及学界关于其法律地位的学说并谈谈自己的认识。
2. 简述破产管理人的选任模式及我国相关法律的规定。
3. 简述我国法律关于破产管理人任职资格的规定。
4. 如何认识破产管理人的忠实、注意义务？
5. 依我国《企业破产法》的规定，破产管理人应当履行哪些主要职责？

第四章

第5章
债权人会议

【学习目的与要求】　债权人会议是依法申报债权的债权人组织，是维护全体债权人利益的自治团体。债权人会议制度主要包括债权人会议以及债权人委员会的概念、性质、组成、职权等内容。本章内容在我国《企业破产法》中主要涉及第59~69条，共11个条文。债权人会议和债权人委员会的概念、性质需要在学习中予以充分理解，并在此基础上，重点掌握债权人会议、债权人委员会的职权，并结合其他章节的内容，重点理解债权人会议、债权人委员会在破产程序中的地位和作用。

第一节　债权人会议概述

破产程序之目的是为了保障债权人的债权能够得以公正之实现。尽管法院在这一程序中居于主导地位，控制着破产程序的进程，但是，作为该程序的重要参与者的债权人一方往往主体众多，均以自己债权的最大化实现为其目标，众多债权人如何协调一致、统一认识，以一个统一的组织，在一个公平的制度安排下，最终公平的实现各自债权？债权人会议这一组织形式便是对上述问题的回答。

一、债权人会议的概念

所谓债权人会议，是指由所有依法申报债权的债权人组成，以维护全体债权人共同利益为目的，体现债权人破产程序参与权，讨论决定有关破产事宜，表达债权人意志，协调债权人行为的议事机构。债权人会议以维护全体债权人共同利益为目的，其对于破产事务的顺利进行发挥着重要作用，它是全体债权人参与破产程序，表达共同意志，维护共同利益的自治团体和表示机关。

第五章

二、债权人会议的法律性质

关于债权人会议的法律性质，学界有不同观点，形成不同观点的原因在于，在不同国家的立法就债权人会议职权的规定存在差异，对债权人会议自治程度强弱的认识不尽相同，因而形成了关于债权人会议法律性质的不同观点，归纳起来，大致有以下几种观点认识。

（一）自治团体说

这是我国台湾地区和大陆部分学者的观点，该学说认为，债权人会议是非法人性质的一个特殊的自治团体，该团体设立的目的在于协调债权人之间的利益，表达债权人共同意志。[1]

（二）债权人团体机关说

该学说为日本学界的传统主流观点，该理论基于债权人对破产程序中的诸多事项具有共同利益，如破产财产的增加、破产费用和财团债务的减少、破产财产处置价格的高低等，主张全体债权人构成债权人团体，债权人会议则是该团体的机关。[2]

（三）事实上的集合体说

这是日本当前学界的通说。该学说主张债权人会议是由法院召集的临时性集合组织。该学说对"债权人团体机关说"提出质疑，认为首先债权人之间存在利益不一致的地方，其次法律也未对债权人会议赋予民事主体的法律地位。[3]

就我国破产法来看，依现有规定，对债权人会议进行一个抽象的、概括的性质界定是存在困难的，同时也是没有多大现实意义的，因为，就债权人会议的设置、内部事项的表决等来看，其是具有一定自治性的机构；可就其与法院、管理人之间的关系以及部分事项的生效、执行来看，其又缺乏完全的独立性，因此，抽象的、概括的对债权人会议的法律性质进行界定确实存在困难，难以包容全部特征。但是，从研习的角度，只要对债权人会议的概念有一个准确、清楚的认识就完全可以了。

---

〔1〕 王欣新主编：《破产法》，中国人民大学出版社 2002 年版，第 69 页。
〔2〕 邹海林、王仲兴："论破产程序中的债权人自治"，载梁慧星主编：《民商法论丛》（第 2 卷），法律出版社 1994 年版，第 162 页。
〔3〕 ［日］伊藤真：《破产法》，刘军荣等译，中国社会科学出版社 1995 年版，第 75 页。

三、债权人会议的组成

（一）债权人会议的成员及其表决权

债权人会议是在破产程序中代表全体债权人共同利益的自治性机构，因此其应当由全体债权人组成。但是，由于现实中，债权债务关系的复杂性，可能有些债权人未能参加到破产程序中，从而也就不能通过破产程序获得债权的清偿，更谈不上参加债权人会议了。因此，这里的"全体债权人"应当局限于能够参加到破产程序中的全体债权人。

我国《企业破产法》第 59 条规定："依法申报债权的债权人为债权人会议的成员，有权参加债权人会议，享有表决权。债权尚未确定的债权人，除人民法院能够为其行使表决权而临时确定债权额的外，不得行使表决权。对债务人的特定财产享有担保权的债权人，未放弃优先受偿权利的，对于本法第 61 条第 1 款第 7 项、第 10 项规定的事项不享有表决权。债权人可以委托代理人出席债权人会议，行使表决权。代理人出席债权人会议，应当向人民法院或者债权人会议主席提交债权人的授权委托书。债权人会议应当有债务人的职工和工会的代表参加，对有关事项发表意见。"依此规定，对我国破产程序中债权人会议的组成人员及其表决权应作如下理解：

1. 依法申报债权的债权人均为债权人会议的成员，有权参加债权人会议，并且享有表决权。依法申报债权是债权人参加破产程序，通过破产程序获得债权清偿的前提，但在实践中，却存在着"只要申报债权均可参加债权人会议，成为其成员"和"申报后尚需经过审查确认，方可成为债权人会议成员"两种不同观点。因核查债权是债权人会议的一项职权，可是在第一次债权人会议召开之前，这一机构尚未成立，也就谈不上履行核查债权的职权，因此，解决这一问题的方法应当是，要么像有些国家立法那样在债权人会议之外再设立一个债权审查与确认机构，来完成这一职能；要么就只能是，对于第一债权人会议而言，只要申报即可参加，并有权参与对其债权的审查活动，而此后的债权人会议只有申报且经债权人会议审查后，方可参加其中。

2. 债权尚未确定的债权人也可参加债权人会议，但其表决权受到一定的限制。在破产程序中，有些债权其数额尚不能准确确定，这将直接影响到权利人在债权人会议中行使表决权，但并不影响其参加债权人会议，其表决权可依经法院确定的债权额为标准进行行使，债权数额完全确定后，则依确定的债权额行使表决权。

3. 享有别除权的债权人，未放弃优先受偿权利的，也可参加债权人会议，并行使表决权，但此处的"表决权"将某些表决事项排除在外。对于别除权人能否成为债权人会议的成员，各国破产法规定有所不同。有的国家法律规定，别除权人未放弃优先受偿权时，不属于债权人会议的成员，如日本。有的国家立法规定，别除权人和普通债权人均为债权人会议的成员，但别除权人对债权人会议决议与其无关的事项不享有表决权。我国旧破产法规定，别除权人属于债权人会议成员，但是未放弃优先受偿权利的，则不享有表决权。现行破产法的规定是科学合理的，因别除权人也是债权人，与其他普通债权人一样，和债务人之间具有债权债务关系，也欲通过破产程序获得债权清偿，因此，其应当成为债权人会议的成员。但是，就其表决权而言，那些与其具有利益关系的表决事项，其应当享有表决权；而那些与其并无利益关系的表决事项，如是否通过和解协议，破产财产的分配方案，其则不享有表决权。

4. 债权人会议应当有债务人的职工和工会的代表参加，对有关事项发表意见。这一规定涉及到职工债权人的法律地位及权利问题。职工债权人能否参加债权人会议并行使表决权？这一问题是较为复杂的，职工债权源于劳动关系，与其他的基于商事关系而形成的债权是有一定的区别的，各国破产法均给予其较之于其他债权优先清偿的地位，我国法律也是如此规定。正是由于这种优先清偿的制度安排，从而使得通常情况下，破产财产的处分、变价、分配与其利害关系较之于其他债权人而言并不密切，因此各国法律一般规定职工债权人不参加债权人会议，也就谈不上表决权的问题。当然这样规定还存在着技术设计上的有意安排，因我国法律规定债权人会议表决时的标准之一是人数标准，即"出席会议的有表决权的债权人的过半数通过"，现实中，职工债权人可能人数众多，但所占债权比例较小，如其参加债权人会议，那通过一项决议的难度可想而知。但是，出于对职工债权人利益的保护，我国破产法规定债权人会议应当有职工和工会代表参见，但其仅对与职工利益有关的事项享有发表意见的权利。

5. 就债权人参加会议的方式及行使表决权问题，我国破产法规定，债权人可以委托代理人出席债权人会议，行使表决权。代理人出席债权人会议，应当向人民法院或者债权人会议主席提交债权人的授权委托书。参加债权人会议并行使表决权是债权人参与民商事法律生活，为民商事法律行为的具体表现，因此该行为的开展亦可通过代理为之，并符合代理的相关法律要求。具体讲，债权人委托代理人出席债权人会议的，代理人应当向法院或债权人会议提交由委托人签名盖章的授权委托书，并且对委托事项和授权权限进行明确记载。

6. 税收债权人是否为债权人会议的成员？这一问题，我国破产法未作明确规定，学界有赞同与反对两种观点，并且各有其道理。在我国破产法中，税收债权被列为第二清偿顺序，优先于普通债权，因此，其实现的可能性大于其他普通债权，从这一点上讲，税收债权人不宜参加债权人会议，行使表决权。但是，从法律制度设计的科学性、合理性上讲，对于那些涉及税收债权人权利的事项，应当允许其参加债权人会议，并行使表决权。因此，本书认为，这一问题，可参照对职工债权相关制度设计予以解决。

（二）债权人会议主席

债权人会议主席是指负责召集和主持债权人会议的人。从各国立法来看，有些国家和地区立法规定，债权人会议设主席，如英国、加拿大、我国台湾地区等；有些国家立法则未规定债权人会议主席的设置，如德国。

我国《企业破产法》第60条规定："债权人会议设主席一人，由人民法院从有表决权的债权人中指定。债权人会议主席主持债权人会议。"依此规定可以看出，我国债权人会议主席的选任权只能由人民法院行使，债权人会议无权自行选任，同时其也无权对人民法院选任的会议主席提出异议。此规定倒是充分体现了法院在破产程序中的主导地位，但似乎对债权人自治体现不够。

就债权人会议主席的职责而言，破产法规定债权人会议主席主持债权人会议，具体而言，其职责应当包括：①召集债权人会议；②安排和掌握会议进程；③维护会议秩序；④主持会议讨论事项；⑤负责完成会议记录与决议等。

第二节 债权人会议的职权

因不同国家关于债权人会议的法律性质以及其与管理人、法院等之间的关系认识不同，因此，法律对债权人会议职权的规定也略有差异，但是，其绝大部分内容是相同的，主要涉及以下内容：选任、更换管理人或者向法院提出更换管理人的申请；决定是否设置债权人委员会，选任、更换债权人委员会成员；决定破产企业是否继续营业；决议管理人对破产企业财产的管理方案；决议破产财产的处理、分配方案；决议和解协议方案等。我国《企业破产法》以列举式的方式将债权人会议的职权予以罗列，该法第 61 条规定：“债权人会议行使下列职权：①核查债权；②申请人民法院更换管理人，审查管理人的费用和报酬；③监督管理人；④选任和更换债权人委员会成员；⑤决定继续或者停止债务人的营业；⑥通过重整计划；⑦通过和解协议；⑧通过债务人财产的管理方案；⑨通过破产财产的变价方案；⑩通过破产财产的分配方案；⑪人民法院认为应当由债权人会议行使的其他职权。债权人会议应当对所议事项的决议做成会议记录。”

一、核查债权

核查债权是破产程序中一项十分重要的工作，有些国家的立法规定，核查债权的工作由法院进行，有些国家立法规定，核查债权的工作由管理人负责完成。我国破产法将此项职权交由债权人会议行使。但需注意的是，债权人会议行使的仅是调查、核实债权的工作，最终对债权的确认应当是由法院完成的。在我国旧破产法中规定，债权人会议具有审查债权和确认债权数额等职权，这显然与法理相悖，确认债权及其数额是对当事人之间实体的民商事权利的确认，只有通过司法裁判程序方可确认，而将此职权直接赋予一个自治性的议事机构显然不妥。现实中，对经债权人会议调查核实记入债权表中的债权，如全体债权人无异议，则人民法院可最终予以确认；如有债权人提出异议的，该异议债权最终是否能够成为破产债权，应当由人民法院裁判决定。现行的破产法改变了原破产法的错误规定，应当是立法的一个前进。

二、申请人民法院更换管理人，审查管理人的费用和报酬

依照我国破产法的相关规定，管理人由人民法院指定产生，其向人民法院报告工作，但应受债权人会议和债权人委员会的监督。因此，管理人各项职务的执行，都受到债权人会议的监督。同时破产法还规定，债权人会议认为管理人不能依法、公正执行职务或者有其他不能胜任职务情形的，可以请求人民法院予以更换。

尽管我国破产法规定，管理人的报酬由人民法院确定，但是债权人会议对管理人的报酬有异议的，有权向人民法院提出。由于管理人的报酬将从破产财产中予以支付，因此，其与债权人利益密切相关。最高人民法院虽对管理人的报酬规定了一个计算的具体办法，但是，那只是一个比例限额的上限，在此限

度内，由人民法院确定，如债权人会议认为法院确定的管理人报酬过高，其有权向人民法院提出变更请求。同时，管理人在破产程序中所支付各项费用，其必要性以及数额也是由债权人会议来审查的，如债权人会议认为无必要或数额过高，其可不予认可，由管理人自己承担，但管理人有异议的，最终应当由人民法院予以确认。

三、监督管理人

监督管理人是债权人会议的一项十分重要的职权。管理人接管破产企业后，便对破产企业的财产、事务等进行了全面接管，其对破产财产的管理、清理、处分、变价，其在重整以及和解程序中也都发挥着重要的作用，管理人的上述行为的开展，直接影响到债权人的切身利益，因此，监督管理人依法、忠实、勤勉的履行职责，也是对债权人自己切身利益的保障。

四、选任和更换债权人委员会成员

债权人委员会是否设立由债权人会议决定，因此，这也债权人会议的一项职权。而债权人委员会一旦设置，债权人会议有权选任和更换债权人委员会成员。

五、决定继续或者停止债务人的营业

破产案件一经受理，破产企业即处于一种行为能力受到限制的法律状态，其原有的营业活动是否继续进行，将直接关系到破产财产价值的保值与增值，但同时也可能导致破产财产价值减损，这些问题与债权人的权益密切相关。所以，我国破产法规定，管理人在第一次债权人会议召开之前，有权决定继续或者停止债务人的营业，债权人会议一旦召开，此项职权只能由与该项职权的行使利益密切相关的债权人会议行使。实践中，管理人对债权人会议的该项决议是可以提出一定的建议的。

六、通过重整计划

重整计划是涉及全体债权人利益的十分重要的措施，其既可能带来债务人的"起死回生"，从而使债权人的债权得以充分实现，但同时也可能使债务人"越陷越深"，债权人的债权更难以实现。因此，通过重整计划只能是债权人会

议的职权。

七、通过和解协议

破产和解与债权人利益密切相关，实践中，和解协议的内容往往是债权人同意债务人延期还债，或者是减免债务人一定比例或数额的债务，这些内容对债权人而言，风险和利益并存，如果和解顺利，债权人的债权可最大化的予以实现，如果和解失败，债务人的财产可能进一步减少，债权人的债权实现比例降低。因此，通过和解协议也只能是债权人会议的职权，其他任何机构不得行使，法院也不得强迫债权人会议通过。

八、通过债务人财产的管理方案

债务人财产的管理是破产管理人的一项职责，但是管理人对债务人财产实施的各种管理行为，都应当以债权人利益的实现为出发点。通常管理人在接管债务人财产以后，应当就这些财产的管理、清理、处分、变价，对回收债务人的财产和债权，对取回权、别除权和抵销权的承认的事项制订一个管理方案，这一方案须经债权人会议通过方可由管理人执行，管理人在以后的管理工作中也应当按照债权人会议通过的管理方案进行债务人财产的管理工作。

九、通过破产财产的变价方案

管理人接管的债务人的财产一般包括货币财产和非货币财产，通常非货币财产应当通过法定的变现程序变现为货币财产，以便对债权人进行分配。非货币财产的变价方案也直接影响到债权人可分配财产的多少，因此，破产财产的变价方案应当由债权人会议通过。财产的变价主要包括价值评估和变卖处理两部分的工作。

上述第八、九项职权中，管理人所提出的破产财产管理方案和变价方案如经债权人会议表决未获通过的，法律规定，最终由人民法院裁决。

十、通过破产财产的分配方案

破产财产的分配是债权人依破产程序实现债权的主要方式，破产财产能否进行公正的分配，将直接决定着债权人的债权能否公平的实现。因此，破产财产的分配方案必须经债权人会议通过。实践中，破产财产的分配方案可由管理人制定提出，交由债权人会议讨论并表决通过，法律还要求该方案必须最终报请人民法院裁定后，方可由管理人具体执行。

该项职权中，因破产财产的分配方案直接关系到债权人的债权实现，法律规定如债权人会议一次表决未获通过的，经与管理人协商修改后，还可再表决一次，如果第二次表决依然未获通过的，则最终由人民法院裁决。

十一、人民法院认为应当由债权人会议行使的其他职权

破产法就债权人会议的职权作了列举式的规定，而现实中，可能存在着法律并未作出明确规定，但依其事项的性质和具体情况，应当由债权人会议行使职权的情况，因此，在这种情况下，就最终由人民法院决定是否属于应由债权人会议行使职权的事项。

应当注意的是，我国破产法要求债权人会议在行使上述职权时，应当作出书面决议。

第三节　债权人会议的召集与决议

一、债权人会议的召集

债权人会议的召集，各国立法规定也有不同，但大致有以下三种方式：一是由法院召集，但破产管理人、债权人会议或一定数量的持有一定数额债权的债权人也可申请召开，如德国、日本；二是由破产管理人召集，其他认定人员可申请召开，但法院无召集权，如英美法系的一些国家；三是由法院或债权人会议主席召集（第一次债权人会议由法院召集），管理人、债权人委员会（或监督人）或持有一定数额债权的债权人可申请召开。我国破产法采用第三种模式。[1]

我国《企业破产法》第62条规定："第一次债权人会议由人民法院召集，自债权申报期限届满之日起15日内召开。以后的债权人会议，在人民法院认为必要时，或者管理人、债权人委员会、占债权总额1/4以上的债权人向债权人会议主席提议时召开。"据此规定，债权人会议的召集应当分以下几种情况。

---

[1] 王欣新主编：《破产法》，中国人民大学出版社2008年版，第299页。

（一）第一次债权人会议的召集

我国破产法规定，第一次债权人会议由人民法院负责召集。这体现了破产程序中法院的主导地位。

第一次债权人会议应当自债权申报期限届满之日起 15 日内召开。通常人民法院在裁定受理破产申请发出的通知或发布的公告中，就应当载明第一次债权人会议召开的具体时间、地点，以使债权人周知。而对债权申报期限，法律也作了明确的规定，债权申报期限自人民法院发布受理破产申请的公告之日起计算，最短不少于 30 日，最长不得超过 3 个月，具体期限由人民法院确定。因此，法律规定了债权申报的起点和期限，又以此起点和期限确定的时间点作为第一次债权人会议召开的期限的起点。第一次债权人会议的召开，既不宜过早，应尽量使全体债权人都能在法定的期限内及时申报债权，参加债权人会议；但又不能召开的过晚，否则造成破产程序拖延时间太长，对债权人不利。因此，第一次债权人会议应当在法定的期限内选择一个恰当的时间召开。

（二）第一次以后债权人会议的召集

法律对第一次债权人会议的召开及其期限作了明确规定，因此，第一次债权人会议是必须在法定期限内召开的。而此后，是否召开债权人会议，法律并未作出明确规定，但是，债权人会议是破产程序中维护全体债权人利益的一个自治性机构，其是债权人意思的表示机构，法律对其职权作出了明确的规定，因此，在以后的破产程序中，只要涉及债权人会议的法定职权行使的事项，都应当召开债权人会议，同时，对那些法律未作列举，但确实涉及债权人利益的事项进行表决时，也应当召开债权人会议。对上述情况，我国破产法概括规定为：

1. 在法院认为必要时召开。法院在破产程序中居于主导地位，如其认为有涉及债权人利益的事项，需要召开债权人会议的，可决定召开。

2. 管理人、债权人委员会向债权人会议主席提议召开。管理人直接负责破产财产的管理、处分、变价和分配；债权人委员会是债权人会议的常设机构，负责监督破产财产的管理、处分和分配。两个机构都是破产程序中非常重要的机构，当其认为某些事项涉及到全体债权人共同利益时，或其认为有必要时，便可向债权人会议主席提议召开债权人会议。

3. 占债权总额 1/4 以上的债权人向债权人会议主席提议召开。债权人会议是全体债权人进行意思表示，维护债权人共同利益的自治性机构，因此，应当允许债权人在认为有涉及其利益的重大事项时，通过会议的形式表达观点、行使表决权。但是，可能由于债权人人数众多、各自情况复杂等因素，召开一次有效的债权人会议需要一定的成本支出，这一成本支出是从破产财产中予以支付的，频繁召开债权人会议，还可能损害债权人的债权实现，而且也可能不方便、不现实。因此，法律规定，只有当提议召开债权人会议的债权人所代表的债权额占全部已确定债权额的 1/4 以上时，方可向债权人会议主席提议召开债权人会议。

（三）债权人会议的开会通知

为了使债权人能够作好参加债权人会议的充分准备，在会议上能够充分发表自己的意见，行使自己的权利，法律规定，人民法院在裁定受理破产申请的通知和公告中，应当将第一次债权人会议的召开时间、地点等信息予以载明。此后根据破产进程的需要，特定主体提议召开债权人会议的，应当由管理人提前 15 日通知已知的债权人，通知中，同样应当将债权人会议的召开日期、地点、主要议程等内容予以载明。

二、债权人会议的决议

债权人会议决议的通过，各个国家均实行表决制，但是就表决通过的具体标准来看，又有三种不同的模式：第一种是人数比例标准，即以出席债权人会议的债权人的多数同意为通过，例如意大利的立法规定、法国 1985 年以前的立法规定。第二种是债权额比例标准，即以同意决议的债权人所代表的债权额在债权总额中占简单多数或绝对多数为通过，如德国《破产法》第 76 条规定："表示同意的债权人的债权数额总额超过参加表决的债权人的债权数额总额的半数的，债权人会议决议即告成立。"日本《破产法》第 138 条规定："对于债权人会议的决议，由可以行使表决权的破产债权人中出席会议或者依照后条第 2 款第 2 项的规定进行书面等投票后，必须经过持有超过全部表决权的 1/2 以上的表决权的持有人同意。"第三种是人数与债权额双重比例标准，如英国《破产法》规定，在通过和解等特殊事项时，要求以债权人人数的多数和所占债权额的 3/4 以上通过。

我国《企业破产法》采人数和债权额双重比例标准，这样可以相对充分的兼顾到大多数债权人和大额债权人的利益，有利于形成更为公平、合理的债权人会议决议。该法第 64 条规定："债权人会议的决议，由出席会议的有表决权的债权人过半数通过，并且其所代表的债权额占无财产担保债权总额的 1/2 以上。但是，本法另有规定的除外。债权人认为债权人会议的决议违反法律规定，损害其利益的，可以自债权人会议作出决议之日起 15 日内，请求人民法院裁定撤销该决议，责令债权人会议依法重新作出决议。债权人会议的决议，对于全体债权人均有约束力。"该条对债权人会议的决议规则、决议的效力、违法决议的救济等内容进行了规定。

（一）决议规则

债权人会议的决议，是指债权人会议对法律规定属于其职权范围的事项作出决定，形成全体债权人关于该事项的共同意思表示。我国破产法对债权人会议决议的规则实行人数和债权额双重比例标准，并且对一般决议事项和特别决议事项的规定也有所区别。

1. 对于一般决议事项的表决。法律规定，债权人会议的决议，由出席会议的有表决权的债权人过半数通过，并且其所代表的债权额占无财产担保债权总额的 1/2 以上方为通过。

2. 对于特别决议事项的表决。法律规定"但是，破产法中另有规定的除外"。这里的"另有规定"主要是：

（1）关于重整计划的表决。《企业破产法》第 82 条规定："下列各类债权的债权人参加讨论重整计划草案的债权人会议，依照下列债权分类，分组对重整计划草案进行表决：①对债务人的特定财产享有担保权的债权；②债务人所欠职工的工资和医疗、伤残补助、抚恤费用，所欠的应当划入职工个人账户的基本养老保险、基本医疗保险费用，以及法律、行政法规规定应当支付给职工的补偿金；③债务人所欠税款；④普通债权。人民法院在必要时可以决定在普通债权组中设小额债权组对重整计划草案进行表决。"

该法第 84 条规定："人民法院应当自收到重整计划草案之日起 30 日内召开债权人会议，对重整计划草案进行表决。出席会议的同一表决组的债权人过半数同意重整计划草案，并且其所代表的债权额占该组债权总额的 2/3 以上的，即为该组通过重整计划草案。债务人或者管理人应当向债权人会议就重整计划草案作出说明，并回答询问。"

（2）关于和解协议的表决。《企业破产法》第 97 条规定："债权人会议通过和解协议的决议，由出席会议的有表决权的债权人过半数同意，并且其所代表的债权额占无财产担保债权总额的 2/3 以上。"

（二）违法决议的救济

为了防止多数债权人以债权人会议决议的方式损害少数债权人的利益，给少数债权人维护其自身合法权益提供一个救济渠道，各国破产法均规定有债权人会议决议违法、损害部分债权人合法权益或损害全体债权人共同利益时，债权人可向法院提出申请撤销债权人会议决议，法院也可依职权撤销债权人会议的决议。例如，德国《破产法》第78条规定，债权人会议决议违背破产债权人的共同利益的，经一名享有别除权的债权人、一名非后顺位破产债权人或破产管理人在债权人会议上提出撤销申请，破产法院即应撤销该决议。撤销决议应当公告。任何享有别除权的债权人和任何非后顺位破产债权人均有权对撤销提出即时抗告。对驳回撤销决议申请，申请人有权提出即时抗告。

我国《企业破产法》第64条第2款规定："债权人认为债权人会议的决议违反法律规定，损害其利益的，可以自债权人会议作出决议之日起15日内，请求人民法院裁定撤销该决议，责令债权人会议依法重新作出决议。"据此规定，债权人行使这一救济渠道的理由只限于两种情形：一是债权人认为债权人会议决议违法法律规定；二是决议内容损害其利益。对于决议内容违背全体债权人之共同利益的情形，法律并未作出规定，但从法理上讲，这一理由也应当成为债权人请求法院撤销决议的原因。

就行使该救济途径的方式来看，债权人应当自债权人会议决议作出之日起15日内，向人民法院请求裁定撤销该决议，责令债权人会议依法重新作出决议。但决议内容是否有应予以撤销之情形，最终应当由人民法院裁定。

（三）决议的效力

关于债权人会议决议的效力，我国《企业破产法》第64条第3款规定："债权人会议的决议，对于全体债权人均有约束力。"债权人会议是全体债权人表示共同意思的机关，一旦经过其表决程序，形成会议决议，其决议内容就应当是全体债权人共同意思的体现，应当对全体债权人产生约束力，无论其是否出席会议，是否行使表决权。但是，也有学者提出，此规定有不妥之处，认为根据现行破产法，对债务人的特定财产享有担保权的债权人对债权人会议和解协议、破产财产的分配方案是没有表决权的，根据权利与义务相对应的理论，上述两项决议对这些债权人也不应当具有约束力。因此，债权人会议的决议，

第五章

应当只能对在该项决议事项上有表决权的债权人产生约束力。[1] 这一观点也不无道理。

三、对债权人会议未决事项的处理

在债权人会议的决议中，有些事项与债权人利益密切相关，也正因如此，对这些事项按照债权人会议表决规则通过决议有时可能难度较大，尤其是就这些事项，债权人意见较为分散或分歧较大时，将会使破产程序久拖不决，造成司法成本的额外支出，也不利于债权人利益的实现。因此，当出现债权人会议就某些事项不能形成相对一致的意见，决议未获通过时，法律规定由人民法院裁定，并且对法院的裁定结果不服的，还可以向人民法院申请复议，但复议期间不停止裁定的执行。这种制度设计是破产法兼顾公平与效率原则的立法体现。

我国《企业破产法》第65条规定："本法第61条第1款第8项、第9项所列事项，经债权人会议表决未通过的，由人民法院裁定。本法第61条第1款第10项所列事项，经债权人会议二次表决仍未通过的，由人民法院裁定。对前两款规定的裁定，人民法院可以在债权人会议上宣布或者另行通知债权人。"第66条规定："债权人对人民法院依照本法第65条第1款作出的裁定不服的，债权额占无财产担保债权总额1/2以上的债权人对人民法院依照本法第65条第2款作出的裁定不服的，可以自裁定宣布之日或者收到通知之日起15日内向该人民法院申请复议。复议期间不停止裁定的执行。"据此规定，立法对债权人会议的未决事项分两种情形分别进行了制度设计。

1. 债权人会议对关于债务人财产的管理方案和变价方案表决未获通过的，可直接由人民法院作出裁定。债权人对该裁定不服的，可以自裁定宣布之日或者收到通知之日起15日内向该人民法院申请复议。复议期间不停止裁定的执行。

2. 债权人会议对关于破产财产分配方案经两次表决，依然未获通过的，由人民法院裁定，债权额占无财产担保债权总额1/2以上的债权人对该裁定不服的，可以自裁定宣布之日或者收到通知之日起15日内向该人民法院申请复议。复议期间不停止裁定的执行。

上述两种情形的不同之处在于：其一，相比较于债务人的财产管理方案、

---

[1] 王欣新主编：《破产法》，中国人民大学出版社2008年版，第311页。

变价方案而言，破产财产的分配方案与债权人利益关系更为直接、更为密切，关系到破产程序的公平性问题。因此，对这一方案立法本着最大限度的尊重债权人自治的出发点，给了债权人会议两次表决的机会，如两次表决仍未获通过，立法则兼顾效率原则，规定由人民法院裁定。其二，对于人民法院裁定的破产财产分配方案不服，不像前一种情形任何债权人均可提出申请复议，而只能是债权额占无财产担保债权总额 1/2 以上的债权人才可提出申请复议。

第四节　债权人委员会

债权人会议是全体债权人表达共同意志的一个议事机构，其以会议形式开展活动，形成决议。由于其并非是一个常设机构，在破产程序中，法律规定属于债权人会议职权的事项，在形成决议时是应当召开债权人会议的，但是在闭会期间，如何行使职权？尤其是如何行使对管理人执行职务的监督权？各国立法出于破产程序的成本、效率等因素的考虑，在债权人会议制度中设置一常设的监督机构，来完成上述职能。

在不同国家和地区的破产法中，这一常设的监督结构的称谓有所不同，有的称为破产监督人，有的称为监查人，有的称为监察人或监察委员，还有的同我国破产法的称谓一样，称为债权人委员会。

一、债权人委员会的设置

关于债权人委员会是否为必设机构，德国《破产法》第 68 条规定："债权人会议以决议决定是否应当设立债权人委员会。破产法院已经设立债权人委员会的，债权人会议以决议决定是否应当保留。"因此，在德国该机构的设立与否最终由债权人会议决定。这一点，我国《企业破产法》第 67 条同样规定："债权人会议可以决定设立债权人委员会。"据此可看出，在我国债权人委员会的设置与否由债权人会议决定，其可以设立，也可以不设。那么实践中到底是否需要设立这一机构，往往可考虑以下一些因素：破产案件的复杂程度、破产财产的数额、债权人的人数等。对于那些案件简单、破产财产数额较小，债权人人数较少的案件，设置债权人委员会还可能增加破产费用，从而影响债权人债权的实现，因此，此类破产案件就可以不设置债权人委员会。

二、债权人委员会的成员

（一）成员资格

对于债权人委员会的成员资格，有的国家法律规定必须是债权人，并且应当是有表决权的债权人，如英国《破产法》；有的国家法律规定，除债权人外，其他人员也可成为债权人委员会成员，如律师、会计师等专业人员。德国《破产法》第 67 条规定："在债权人委员会中，享有别除权的债权人、拥有最高数额债权的破产债权人以及小额债权的债权人应当得到代表。雇员作为破产债权人，拥有并非小额的债权的，应当在债权人委员会中有一名代表。非为债权人的人也可被任命为债权人委员会的成员。"就此问题，我国《企业破产法》第 67 条规定："债权人委员会由债权人会议选任的债权人代表和一名债务人的职工代表或者工会代表组成。"显然，我国立法在债权人委员会成员的代表性上较之于德国《破产法》要窄很多。

（二）成员人数

债权人委员会的成员人数，各国立法规定也不尽相同，日本《破产法》第 144 条规定："委员人数，在 3 人以上、最高法院规则规定的人数以内。"有的国家并未作出明确规定。就我国立法来看，《企业破产法》第 67 条规定，"债权人委员会成员不得超过 9 人"。这一人数规定，主要是从提高效率，方便工作，易于形成有效决议的角度出发，实践中，债权人委员会成员的具体人数可根据破产案件的具体情况而定，只要不超过 9 人，且有一名债务人的职工代表或者工会代表即可。

（三）成员的选任、解任与辞任

由于债权人委员会是债权人会议的常设机构，因此，大多数国家的立法都规定，债权人委员会成员由债权人会议决定产生。但是在第一次债权人会议召开之前，根据工作需要，可由法院指定一个临时性的债权人委员会，待债权人会议召开以后再由其决定临时性的债权人委员会的去留，德国《破产法》即规定如此。并且德国《破产法》还规定了债权人委员会成员的免职问题，该法第 70 条规定："破产法院可以因重大理由免除债权人委员会成员的职务。此项免职可以依职权、经债权人委员会成员申请或经债权人会议申请作出。"

我国《企业破产法》第 67 条规定："债权人会议可以决定设立债权人委员会。……债权人委员会成员应当经人民法院书面决定认可。"这一规定表明，在

第五章

我国，债权人委员会成员虽由债权人会议选任，但是，为了体现人民法院的主导地位，发挥法院对破产程序的最终监督的作用，保证债权人委员会成员选任的公正、合法，债权人委员会成员最终应当经人民法院书面决定认可，方表明其正式成为委员会成员。

就债权人委员会成员的解任、辞任，我国破产法并未作出规定，实践中，因债权人委员会成员是由债权人会议选任的，因此，这一问题可由债权人会议来决定债权人委员会成员的解任和辞任。通常当债权人委员会成员出现了违法、履行职务出现重大过失给债权人造成利益损失，或有其他不适合担任委员会成员的情况的，债权人会议可将其撤换，但新进入委员会的成员依然要最终经过人民法院书面认可。

三、债权人委员会的决议

因通常情况下，债权人委员会的成员为数人，那么其在形成决议时应当依照什么决议规则？这一点，我国《企业破产法》并未作出规定。德国《破产法》第 72 条规定："有半数成员参加对决议的表决，其决议以所投票数的过半数作出的，债权人委员会决议为有效。"实践中，债权人委员会需要形成决议时，我们可以参照德国《破产法》的规定。

四、债权人委员会的职权

债权人委员会是债权人会议的常设机构，是代表全体债权人对破产程序中的有关事项进行日常监督的机构，因此，债权人委员会的职权主要是行使监督权。如德国《破产法》第 69 条规定："债权人委员会应当支持并监督破产管理人执行事务。他们应当了解事务进展情况、请人查阅账簿和营业文件以及审查金钱往来及财务现状。"在日本，债权人委员会也主要是行使听取破产财产管理人有关事项报告的权利。

我国《企业破产法》第 68 条规定："债权人委员会行使下列职权：①监督债务人财产的管理和处分；②监督破产财产分配；③提议召开债权人会议；④债权人会议委托的其他职权。债权人委员会执行职务时，有权要求管理人、债务人的有关人员对其职权范围内的事务作出说明或者提供有关文件。"据此规定，在我国债权人委员会主要行使下列职权：

（一）监督债务人财产的管理和处分

这主要是对管理人行为的监督，监督管理人在履行破产财产的管理和处分行为时，是否尽到了忠实、勤勉义务。具体讲，债权人委员会有权要求管理人以及债务人对债务人企业的财产状况作出相应说明并提供文件，有权对管理人管理债务人财产的工作进行审查并提出建议，有权查阅或聘请专业机构或专业人员查阅债务人企业的财务账簿与营业文件，有权听取并审查管理人的报告等。

（二）监督破产财产分配

破产财产的分配直接关系到全体债权人的债权能否得以公平实现。债权人委员会的这一监督权，具体包括：①破产财产分配方案制定的监督，即管理人在提出破产财产分配方案时，委员会即可就其分配方案是否科学、合理、公平、公正进行监督，提出意见与建议；②破产财产分配方案实施的监督，即对通过的破产财产分配方案的实施，在每一个环节上进行全面的、细致的监督，从而使该方案能够真正得以落实，最终保障债权人债权的公平实现。

（三）提议召开债权人会议

债权人委员会是常设机构，可完成日常事项的决议，并履行对破产程序的监督权。但是，当出现法律规定或债权人委员会认为必须由债权人会议决议通过的事项时，其可提议召开债权人会议。

（四）债权人会议委托的其他职权

根据破产案件的具体情况，债权人委员会还可行使债权人会议委托的其他职权。

我国破产法还规定，债权人委员会执行职务时，有权要求管理人、债务人的有关人员对其职权范围内的事务作出说明或者提供有关文件。

当出现破产管理人、债务人拒绝接受债权人委员会监督时，我国法律还提供了相应的司法救济手段，《企业破产法》第68条规定："管理人、债务人的有关人员违反本法规定拒绝接受监督的，债权人委员会有权就监督事项请求人民法院作出决定；人民法院应当在5日内作出决定。"这一规定，使债权人委员会的监督权得到了充分的司法保障。

第五章

思考题

1. 谈谈你对债权人会议的法律性质的认识。
2. 简述债权人会议成员表决权的行使。
3. 论述债权人会议的职权。
4. 简述债权人会议的决议规则。
5. 简述债权人委员会的概念及其职权。

第6章
破产债权

【学习目的与要求】　破产债权是破产法上最为重要的问题之一。通过本章的学习，应明确破产债权的概念，掌握破产债权的各项基本特征以及破产债权在权利行使上的特点，根据《企业破产法》及最高人民法院有关司法解释文件，对破产债权的范围进行分析。确认是否属于破产债权的一般原则，并了解其特别规定。最后还应正确把握对债权的确认程序，因关系到当事人的诉讼权利和实体权利，故债权人申报之债权，凡是未得到发生法律效力的裁判确认的债权，均在确认之列。

第一节　破产债权概述

一、破产债权的概念

破产债权是指在破产程序启动前成立的，经依法申报确认，并得由破产财产中获得清偿的、具有强制执行效力的财产请求权。对破产债权的性质与范围的界定，有广义和狭义之分。广义上的破产债权，是指凡是与破产债务人有关的债权均属于破产债权，无论其是否设有财产担保，如美国。狭义上的破产债权认为，只有对破产债务人发生的无担保物担保的债权才属于破产债权，如日本和英国。我国破产法中的破产债权就是从狭义上界定的。

破产人所负的各种债务因性质不同，负债时间不同，在破产程序中要做到公平清偿，首先就必须解决哪些种类的债权享有受偿权利，即明确破产债权的性质、范围与清偿方法等问题。在破产程序中，破产债权是最普遍而且最主要的债权，破产债权制度不仅关涉到债权人的程序参与权，尤其是表决权能否行使，而且直接决定其债权在破产清算分配中的实现程度。

破产法是程序法与实体法的统一。从实体的角度讲，破产债权是在破产宣告前成立的对债务人享有的金钱债权或可以以金钱评价的债权，学理上称为实质意义上的破产债权；从程序的角度讲，破产债权是依破产程序申报并依破产程序受偿的财产请求权，学理上称为形式意义上的破产债权。[1] 实质意义上的破产债权反映了破产债权的实质，即破产债权源于普通民事债权，它是普通民事债权在债务人破产时转化而来，其实质仍然是基于合同、侵权行为、无因管理、不当得利和其他原因而发生的债权，并不是由破产法新承认的权利，也不是基于破产法上的原因而生得的债权。形式意义上的破产债权，揭示出破产债权并非普通债权的简单移植，而是在后者的基础上融入了特殊的因素，即破产程序是债权实现的唯一途径，破产债权非依破产程序不得受偿。实质意义上的破产债权是形式意义上的破产债权的基础，但是实质意义上的破产债权只有经依法申报、调查确认转化为形式意义上的破产债权，才具有破产法上的意义。[2] 一般而言，将实质意义上的破产债权作为其概念，而将形式意义上的破产债权作为破产债权的条件或要件予以规定。

二、破产债权的特征

（一）基于破产宣告前的原因成立

破产债权应当是基于债务人受破产宣告之前存在的原因成立的债权。若从时间上讲，除法律有特别规定者外，破产债权必须是在债务人受破产宣告之前成立的债权。据此，破产宣告之前成立的债权，包括未到期的债权、附条件的债权、担保债权等，均属破产债权。破产宣告后，破产企业即丧失对财产的管理、处分权，破产财产由管理人掌管，任何其他人以破产企业名义进行民事活动，所发生的债务都不属于破产债权，应由行为人自行负责清偿。债权在破产宣告后所产生的利息，不属于破产债权，在破产程序中不予清偿。破产宣告后，清算组为破产财产的管理、变卖、分配等而进行的必要民事活动中形成的债权，属于破产费用，优先从破产财产中拨付，也不在破产债权之列。

但是，破产债权应在破产宣告前成立，仅是一项一般原则。为维系社会公平，法律也作出特别规定，某些在破产宣告后发生的债权也属于破产债权。如

〔1〕　李永军：《破产法律制度》，中国法制出版社 2000 年版，第 172 页。

〔2〕　邹海林：《破产程序和破产法实体制度比较研究》，法律出版社 1995 年版，第 299 页。

《企业破产法》第53条规定，管理人或债务人解除合同而使对方当事人遭到损害时，其损害赔偿额虽发生于破产宣告之后，仍可作为破产债权受偿。再如最高人民法院的司法解释《关于贯彻执行〈中华人民共和国企业破产法（试行）〉若干问题的意见》第62条规定，票据发票人或背书人被宣告破产，而付款人或承兑人不知其事实而付款或承兑，由此所产生的债权也是破产债权。

（二）破产债权是对破产人发生的无财产担保的债权，或放弃优先受偿权利的有财产担保的债权

并非所有对破产人发生的债权都是破产债权。债权分为有担保的债权与无担保的债权两种。根据担保形式的不同，有担保的债权又分为由财产担保（主要是物）的债权和由保证人担保的债权。无担保的债权与保证人担保的债权统称为无财产担保的债权。这种债权是针对债务人设立的，即以债务人所有的非特定的全部财产为清偿保障，债务的清偿必须经过债务人的履行行为。因其是设定于债务人非特定财产上的权利，没有因物权担保而产生的优先受偿权，故破产宣告后属于破产债权，必须依破产程序受偿。有财产担保的债权，如以抵押、质押、留置等形式担保的债权，享有针对债务人财产中特定物品设立的物权担保。由于此种债权以债务人的特定物为清偿保障，当债务人不能清偿债务时，债权人享有就担保物的价值优先受偿的权利，清偿不受破产程序限制，自然也就不属于破产债权。当有财产担保的债权人放弃其优先受偿权利时，其债权才属于破产债权。

（三）破产债权是财产上的请求权

这是指破产债权必须表现为或能够折合为一定数额的货币。债权在设立时目的本不相同，有的是要求交付货物，有的是要求支付金钱，还有的则是要求提供劳务或技术等。但是，在债务人破产之后，诸多债务已不可能再实际履行，只能以货币形式对债权人给予清偿。所以必须把债权货币化，才能以统一标准计算清偿数额与比例，才能在破产程序中实际偿还，做到公平清偿。因此，破产债权必须是财产上的请求权，即可表现为货币形式的债权。非货币形式的债权，应以破产宣告时的价格标准折为货币，或将因债不能履行造成的损害赔偿额作为破产债权。凡是不能折合为货币形式的债权，如某些以破产人作为或不作为为目的的请求权，具有不可替代性，便不能作为破产债权，其他具有人身性质的权利，如赔礼道歉、恢复名誉等请求权，也是如此。但是，如果某些请求权，在破产宣告前能够因债务不履行转化为损害赔偿请求权，则可以成为破

第六章

产债权。对这种具有不可替代性的请求权在破产宣告后，因破产管理人解除合同而产生的损害赔偿请求权，可否成为破产债权，在学术界中则观点不一。有的认为，依法律规定的文义，应当可以成为破产债权。有的认为，此种请求权本不属于破产债权，故其在破产宣告后才产生的不履行合同的损害赔偿请求权，也不能成为破产债权。从理论上讲，第二种观点更为合理。

（四）破产债权是可以强制执行的债权

破产本是在债务人不能清偿到期债务情况下，对其财产的一种一般强制执行程序，所以破产债权的性质必须是能够强制执行的。由于破产执行与一般民事执行不同，只有对金钱的执行一种形式。因此这里的可以强制执行，其一是指债权的标的在破产程序中可以强制执行，可表现为货币形式；其二是指债权受司法机关诉讼保护，依法允许强制执行。已超过诉讼时效、失去胜诉权的自然债权，或因走私、赌博等违法行为形成的非法债权，因不受司法保护，不得强制执行，自然也就不属破产债权的范围。当然，也有学者认为，"可以强制执行"不是破产债权的特征，而只是民法上一般债权的权利保护要件，不应将其作为破产债权的构成要件。[1]

（五）须是经依法申报并取得确认、有权在破产程序中受偿的债权

债权人客观上享有债权，还必须主动、及时地行使权利，才能获得清偿。对权利的行使，法律一般均规定有一定的程序和时效期间，破产债权也是如此。债权人必须在破产案件受理后，或破产宣告后，依照法定期限向人民法院申报登记债权。根据现行破产法律规定，债权人逾期未申报债权，便视为自动放弃债权，在破产程序中不予清偿。债权人不能以债务人或法院已知道其债权为由，不加申报，否则在破产程序中便会丧失受偿权利。债权人申报的债权，依现行法律规定，要经债权人会议审查，确认其债权的存在与数额。有的债权可能客观上存在，但因缺乏证据而得不到确认，同样会被排除出破产债权范围。只有得到确认的债权才最终具备破产债权的资格。

根据破产法的规定，破产债权在权利行使上的特点，一方面是有权依破产程序得到公平受偿，另一方面是必须依破产程序行使权利，即必须依破产程序申报、确认债权，从破产管理人处接受破产分配，要受破产程序约束，不能单独、自由地受偿，不得违反破产法公平清偿的原则。但是，破产程序外的人自

---

〔1〕　柴发邦主编：《破产法教程》，法律出版社1990年版，第150页。

愿代替破产人对破产债权作出个别清偿是允许的，不视为违背公平清偿的原则。

三、破产债权和一般债权的区别

破产债权的本质是实体法上的一般债权，但其与一般债权存在以下主要区别：

1. 破产债权和一般债权产生的法律事实不同。一般债权是破产债权的前提和基础。一般债权产生的依据是合同、不当得利、无因管理、侵权行为和其他原因。破产债权的产生，除了一般债权产生的依据外，还必须存在一个法律事实：破产宣告。破产宣告后，一般债权才转化为破产债权。

2. 破产债权与一般债权的实现方式不同。一般债权通常可以通过当事人协商、调解、仲裁、民事诉讼、民事强制执行等法律制度得以实现。当然，破产程序开始后至破产宣告前，债权为一般债权而非破产债权，但此时一般债权的实现也受到限制。破产债权不允许债权人通过诉讼、强制执行的方式实现，而只能通过破产程序实现，即破产债权人必须经过债权申报、债权调查和确认程序，从破产财产中得到分配。

3. 破产债权和一般债权的实现结果不同。通常情况下，一般债权是能够得到完全清偿的。而破产程序适用的前提是债务人丧失或部分丧失了清偿能力，因此，破产债权在通常情况下不能够得到足额清偿，不足部分因债务的强制免除而消灭。

四、破产债权的范围

破产债权的范围是指破产法对破产债权外延的界定。由于受一国经济体制、破产程序开始时间、破产程序的内容以及对债权的认识等因素的影响，各国的破产法规定的破产债权的范围也不尽相同。根据我国破产法的规定，可以成为破产债权主要有下列财产请求权：

（一）成立于破产程序开始前的所有债权

成立于破产程序开始前的所有债权，包括所有有财产担保的债权和无财产担保的债权。在破产立法中，对成立于破产程序开始前的有财产担保的债权是否属于破产债权，在学理上存在一定的意见分歧。由于这类债权可以从担保财产中优先得到清偿，故有人认为它不应属于破产债权。

《企业破产法》第 107 条第 2 款规定，人民法院受理破产申请时对债务人享有的债权统称为破产债权。据此，确定破产债权的时间与破产程序启动的时间相统一，均为受理破产申请时，解决了破产申请受理后新生债权的法律地位问题；另外，对破产人的特定财产享有担保权的债权也属于破产债权，未再对其作排除性规定。但依《企业破产法》第59条第3款规定，对债务人的特定财产享有担保权的债权人，未放弃优先受偿权的，对"通过和解协议"和"通过破产财产的分配方案"的事项不享有表决权。

（二）税收债权

税收债权是一种特殊债权，它是依据公法而产生的，体现税务机关与纳税人之间的征管关系，其权利主体为国家，税收为国家行使管理职能所必需，具有公益性。关于税收债权在破产程序中的法律地位，各国法律的规定有所不同，即使在同一国家也因不同历史时期而有所区别。有的国家将其列为共益债权，如日本破产法第47条规定："依国税征收法及国税征收条例可以征收的请求权为财团债权。"有的国家将其列为优先破产债权，即承认其为破产债权，但优于一般破产债权。德国旧破产法就是如此。但德国新《支付不能法》不再将税收债权列为优先破产债权，而是将其作为一般债权对待。奥地利、澳大利亚等国的新破产法也都将税收优先权彻底取消而视为一般债权。因此，从世界各国破产法的发展趋势看，税收债权在破产程序中的优先性正在逐步淡化。

我国《企业破产法》第113条规定，破产财产在优先清偿破产费用和共益债务后，依照下列顺序清偿：①破产人所欠职工的工资和医疗、伤残补助、抚恤费用，所欠的应当划入职工个人账户的基本养老保险、基本医疗保险费用，以及法律、行政法规规定应当支付给职工的补偿金；②破产人欠缴的除前项规定以外的社会保险费用和破产人所欠税款；③普通破产债权。由此看出，其一，破产法明确规定，破产财产应当优先清偿破产费用和共益债务，但共益债务包括管理人或者相关人员执行职务及债务人财产致人损害的侵权债务的规定，使后顺序的债权清偿面临较大风险；其二，《企业破产法》着重强调劳动者权益的保护，将破产人欠缴的除前项规定以外的社会保险费用列为第二顺序，与税收债权共同按比例清偿；其三，依据破产法，即使是普通债权人的权益也可能通过行使抵销权等，优先于税收债权获得清偿。总之，破产法上税收的债权优先性逐步淡化，这是符合世界破产立法的基本趋势，因此，税务部门应当注意加强企业破产前的欠税追索。

第
六
章

（三）附期限债权

附期限债权是指以将来特定时间的到来为条件，以决定债权的生效或消灭而成立的债权。此类债权与一般债权在性质上并无区别，虽未到期，同样有权获得清偿。但在破产申请受理之后，若要求债权人在债权到期后才能行使受偿权利，往往破产人的财产已被分配殆尽，无法再获清偿；若待债权到期后再统一对债权进行分配，破产程序便不得不中止，势必影响其他当事人的权益。所以，各国破产法均规定，未到期债权在破产程序启动时视为到期债权参加破产清偿。为公平起见，其利息应当计算至破产申请受理时，或应当减去未到期的利息。我国《企业破产法》第 46 条规定："未到期的债权，在破产申请受理时视为到期。附利息的债权自破产申请受理时起停止计息。"

（四）附条件债权

附条件的债权所附条件分为延缓条件即停止条件与解除条件两种。前者是指债虽已设立，但其效力处于停止状态，直至所附条件成就时，债才发生效力；后者是指已经生效的债权在所附条件成就时，便失效解除。

破产申请受理前成立的附条件债权，可以全额申报作为破产债权参加破产清偿。因为附解除条件的债权，条件未成就时，其效力与普通债权相同，理应予以清偿。附延缓条件的债权，虽然在破产申请受理时尚未生效，但其设立是在破产申请受理之前，而且在破产申请受理之后条件仍有可能成就，所以也应属于破产债权。这两种债权虽享有破产债权的地位，但因其在现实中的法律效力不同，所附条件有可能成就，也有可能不成就，债权在将来有发生或失去效力的可能，因此在破产程序中与普通破产债权的权利有所不同。附解除条件债权是已经生效的债权，所以其债权人在债权人会议上可以享有表决权。而附延缓条件的债权因是尚未生效的债权，所以其债权人在债权人会议上不享有表决权。

（五）债权人对连带债务人及保证人的债权

对连带债务人的债权是指债务人为具有连带关系的数人，各债务人均负有对债务进行全部履行的义务，在此关系中，全部债权债务关系因一次全部给付而消灭。债权人对连带债务人的债权可以作为破产债权申报，对保证人的求偿权同样应作为破产债权。

（六）因票据关系所产生的债权

我国《企业破产法》第 55 条规定："债务人是票据的出票人，被裁定适用本法规定的程序，该票据的付款人继续付款或者承兑的，付款人以由此产生的请求权申报债权。"这一规定是为了维护票据作为无因证券的地位，保障付款人或承兑人的合法权益，保证票据的流通作用。此项规定不适用于票据的付款人事先已经收受票据资金的情况。

（七）破产债权的除外范围

我国破产法实际采取的是除斥债权的立法模式，即根据破产法规定因特定原因被排斥于破产程序外，不得从破产财产中受偿的债权。

下列债权不属于破产债权：①行政、司法机关对破产企业的罚款、罚金以及其他有关费用；②债权人为个人利益而参加破产程序的费用等。[1]

第二节 破产债权申报

一、债权申报的概念和特征

债权申报是指法院受理破产申请后，债权人在法定期限内向法定接受人提示并证明其债权的制度。具体内容包括申报期限、申报范围、申报内容以及申报效力等。我国的破产立法采破产受理开始主义，因此，严格来说只能称为"债权申报"，而不能称"破产债权申报"。

破产案件的受理意味着债务人可能或者实际达到了破产界限。破产案件受理之前针对债务人的既得债权和期待债权都将可能列入破产债权。债权作为一种请求权，行使还是放弃完全遵从权利人的意愿。因此，只有积极主张自己的权利，在法定期限内提示自己债权的存在，经过调查并确认后方可作为破产债权参与破产程序并接受破产分配。债权的申报、调查和确认是债权转化为破产债权的重要环节。破产债权申报是债权人参加破产程序行使权利的基础，也是债权人获得公平清偿的前提条件。

债权申报制度具有以下特征：

1. 债权申报的实质是债权人债权请求权的行使，但又不同于一般债权请求权。一般的债权请求权行使的对象是债务人，而债权申报的对象则是法定接受人。这种请求权只有在法定期限内向法定接受人提示债权才具有法定效力。除

---

〔1〕 王欣新主编：《破产法学》，中国人民大学出版社 2008 年版，第 166～167 页。

此以外的行为，如以破产申请或诉讼的方式提示债权，都不构成债权申报。

2. 债权申报是民事债权转化为破产债权的程序性条件。民事债权是债权人对债务人的实体请求权，而破产债权还包含了重要的程序性权利，如异议权、表决权等。只有通过债权申报，民事债权才有获得参与破产程序权利的可能。

3. 债权申报的内容是主张并证明债权的存在，并不当然表明债权的合法有效，也不意味着其他权利的行使，如担保权或取回权的行使等。

4. 债权申报应当符合申报规则。破产法对债权申报期限、申报方式、申报对象、申报内容以及申报范围都有明确的规定，债权人申报债权必须符合这些规定，否则将承担不利后果。

二、债权申报的规则

(一) 申报期限

申报期限，是破产法规定或法院指定的申报债权的期限。为了避免破产程序久拖不决，提高破产程序的效率，保护大多数债权人的利益，各国无一例外地规定了破产债权的申报期限，且该期限多为酌定期限。

1. 法定期限。法定期限是指直接由法律规定的具体申报期限。我国原《破产法（试行）》采用的是法定期限，该法第 9 条规定，人民法院应当在受理破产案件后 10 日内通知债务人并发布公告。人民法院在收到债务人提交的债务清册后 10 日内通知已知的债权人。债权人应当在收到通知后 1 个月内，未收到通知的债权人应当自破产公告之日起 3 个月内向人民法院申报债权。该规定简单明了，易于操作，但也有学者认为"过于机械"和导致"债权的不平等对待"。首先，破产案件繁简不同，性质不一。以一个不变的破产期限适用于所有的破产案件，缺少灵活性，在实践中难免遭遇尴尬。对于简单的破产案件，申报期限显得过长，不利于案件迅速了结；对于复杂的破产案件，申报期限显得过短，不利于债权人充分申报债权。因此，法定期限最终会妨碍破产程序公平有效地进行。其次，该规定将收到法院通知的债权人与未收到通知的债权人区别对待，设置了两个不同的申报期限。表面上看，该做法似乎更能体现破产法的公平原则。但客观上却造成了债权的不平等对待。债权申报既然作为债权人平等参与破产程序的手段，在期限的设定上就不应厚此薄彼。不能仅仅因为一些债权人对破产程序开始之事实的已知，就对其权利行使期限加以限制。否则，对于那些由于时刻关注债权的安全而比较早知悉破产程序开始并积极行使权利的债权人，无疑是一个打击。鉴于此，新破产法改采酌定期限，并且不再对债权人进行区别对待。

2. 酌定期限。酌定期限是指法律规定的申报期限有一定幅度，具体申报期限由法院在法定幅度内酌情确定的期限。立法确定酌定期限时，有的国家采用上限下限制，即法律规定申报期限的长短期限，由法院在规定的期限内决定具体的申报期限。例如，德国《破产法》第 28 条第 1 款规定，申报债权的期间至少应规定为 2 周，至多应规定为 3 个月。我国台湾地区现行"破产法"第 76 条规定，债权申报期限自破产宣告之日起 15 日以上 3 个月以下。我国《企业破产法》第 45 条规定："人民法院受理破产申请后，应当确定债权人申报债权的期限。债权申报期限自人民法院发布受理破产申请公告之日起计算，最短不得少于 30 日，最长不得超过 3 个月。"

（二）申报期限的延展

债权人在申报期限内没有申报债权的，如果立法剥夺其依据破产程序主张自己权利及获得破产分配的机会，这对那些有正当理由而没有申报债权的债权人不公平。因此，立法一般允许债权人向法院请求延展申报期限，但各国延长的理由不同。我国台湾地区现行"破产法"规定，债权申报期间届满，法院得以裁定延长申报期间。出现这种情况，无需有人提出请求，法院主动延长申报期间。

我国以补充申报弥补缺乏申报延期制度的不足，如果债权人未在申报期限内申报债权，可以在破产财产最终分配前申报。但补充申报的债权不能参加申报以前的破产分配，审查和确认补充申报的费用，由补充申报人承担。

（三）申报方式

债权人申报债权应当以法定方式申报。英国、美国破产法要求必须采用标准的"债务证明书"进行申报，否则无效。我国台湾地区现行"破产法"允许书面和口头形式申报。

我国《企业破产法》第 49 条规定，债权人申报债权时，应当书面说明债权的数额和有无财产担保，并提交有关证据。由此可以看出，我国破产债权申报方式应当采用书面方式。如果债权人口头向管理人申报债权的，申报无效。

（四）申报接受人

接受人是债权申报的接受主体，只有向接受人申报，才能认定为有效申报。债权申报的法定接受人，各国和地区规定不同。日本、美国规定接受人是法院；

德国、我国台湾地区现行"破产法"规定债权接受人为破产管理人，法国《破产法》第 50 条规定，除雇员外，所有持有程序开始前发生债权的债权人均应向债权人代表申报他们的债权，此处所谓债权人代表相当于我国的管理人。

我国《企业破产法》第 48 条第 1 款规定："债权人应当在人民法院确定的债权申报期限内向管理人申报债权。"管理人是法定的债权申报接受人，之所以把法定接受人确定为管理人，是因为管理人是由法院指定并对法院负责，在某种程度上，管理人行使法院的职责，因此，管理人可以代表法院接受债权申报。对于债权人未向法定接受人申报，而在法定期限内向法院申报或者提起诉讼的，其效力如何，我国立法并没有规定。

（五）申报的内容

申报内容是指债权申报应当记载的法定事项。申报内容是债权调查和确认的对象，是债权表制作的依据，也是债权申报变更的依据。各国对于债权申报内容的立法规定大体相同，即都要求债权人提供姓名、住址、债权的内容和原因、债权的性质并提供有关证据。我国《企业破产法》第 49 条规定："债权人申报债权时，应当书面说明债权的数额和有无财产担保，并提交有关证据。申报的债权是连带债权的，应当说明。"提出破产申请的债权人因已经在破产申请中提出债权清偿要求和相应证据，故无需再申报债权。破产案件受理前涉及债务人的未结诉讼中的债权人，应向受理破产案件的法院申报债权，并说明债权已涉讼，以及受诉法院、案件名称、编号等情况。受理破产案件的法院应向受诉法院通知破产案件已受理之事项，并请求其尽快审理结案。如果在进行债权确认时，案件当事人对诉讼中的债权不再存在争议，该债权可以得到确认，则终结该诉讼。对该债权确认有异议的其他利害关系人，可提起债权确认诉讼。如该债权未得到确认，则原诉讼继续进行。

（六）连带关系中债权的特殊申报

连带关系是指在多数人之债中，多数债权人之间和多数债务人之间的关系具有牵连性，任何一方不得任意退出债的关系。由于连带关系的复杂性，《企业破产法》第 50、52 条规定了连带关系中的债权申报问题。连带债权人可以由其中一人代表全体连带债权人申报债权，也可以共同申报债权。连带债务人数人被裁定适用本法规定的程序的，其债权人有权就全部债权分别在各破产案件中申报债权。具体而言，主要有以下规则：

1. 代表申报，即连带债权人可以推选一个债权人作为代表申报债权。

2. 共同申报，即所有的连带债权人可以作为共同债权人就连带债权总额进行申报。

3. 分别申报，即连带债务人同时或者先后被申请进入破产程序，其债权人有权就全部债权，分别向不同的连带债务人申报债权。如负连带责任的保证人和被保证人的债务人先后被申请进入破产程序，债权人既可以向保证人的管理人申报全部债权，也可以向被保证的债务人申报债权。这是由连带之债的特点决定的。

三、债权申报的范围

债权申报的范围是指破产法规定的可申报的债权类型。我国《企业破产法》第 44 条规定："人民法院受理破产申请时对债务人享有债权的债权人，依照本法规定的程序行使权利。"该条文对可申报债权进行了一般性规定。其后，该法第 44～55 条规定了具体可申报债权的范围。破产申请受理前成立的有财产担保的债权虽不属于破产债权，但属于可申报债权的范围。因为债权申报的内容是主张并证明债权的存在，并不当然表明债权的合法行使，也并不意味着其他权利的行使，如担保权和取回权的行使等。

此外，为保护劳动者利益，有的国家将雇员的工资债权或雇用人员的退职津贴请求权等与劳动者切身利益相关的债权，列为无需申报的债权，以免劳动者未依法律规定申报债权而失去受清偿的机会。我国《企业破产法》第 48 条第 2 款规定："债务人所欠职工的工资和医疗、伤残补助、抚恤费用，所欠的应当划入职工个人账户的基本养老保险、基本医疗保险费用，以及法律、行政法规规定应当支付给职工的补偿金，不必申报，由管理人调查后列出清单并予以公示。职工对清单记载有异议的，可以要求管理人更正；管理人不予更正的，职工可以向人民法院提起诉讼。"这一规定对保护破产企业职工的合法权益，加快推进破产程序的顺利进行起到了积极的作用。

四、债权申报的效力

债权申报的效力，是指债权申报对相关主体产生的约束力。包括对已申报债权人、未申报债权人以及申报接受人的约束。

（一）对已申报债权人的效力

1. 可以依破产程序行使权利。《企业破产法》第 44 条规定："人民法院受理破产申请时对债务人享有债权的债权人，依照本法规定的程序行使权利。"债权通过有效申报，即取得破产债权的地位。债权人便作为破产债权人享有参加破产程序的权利，行使破产法赋予的程序权利和实体权利。

2. 债权的诉讼时效因债权申报而中断，债权人向债务人请求履行民事权利，可以中断时效的进行，这是诉讼时效中断最常见的原因。债权人申报债权，可以认定为向债务人主张权利，故引起诉讼时效的中断。

3. 债权人可以变更和撤销债权申报。对已经申报的债权，申报人能否任意变更申报的内容或撤销所申报的债权？《企业破产法》对此没有明确规定。理论上讲，债权申报属于单方行为，债权又是民事权利，可以任意处分。债权申报只要在法定申报期限内，应当允许任意变更。法定期限届满后，在不影响其他债权人利益的情况下也应当可以变更。如果在调查日后提出变更的，按照逾期申报债权处理。申报后的债权应当允许债权人撤销。

债权申报后，债权主体发生变更的，新债权人能否请求变更已申报债权的主体？理论上认为应当允许，只要提供相应的证明即可。

（二）未申报债权人的效力

1. 不得依破产程序行使权利。逾期未申报债权的法律后果如何，不同国家的规定不同。法国的做法是直接规定丧失实体权利。法国《破产法》第53条规定，逾期不申报，又未准予恢复申报的债权归于消灭。法国的做法对于那些不知道债务人破产或没有看到破产公告的债权人未免过于苛刻。美国的规定则不同。美国《联邦破产法》规定，债务人有义务把所有债权人列在债权人清单上，如果未列，致使债权人由于不知破产案件的存在而未能申报债权，则该债权人尽管不能参加破产分配，却可以在清算完结后继续向债务人追索。如果是债权人的原因未能申报或者未在申报期限内申报，则债权人失去参与破产分配的机会，并且其债务将与其他未清偿债务一样被豁免。这样，债权人在清算完结后，不再有权利向债务人请求清偿。

我国《企业破产法》第56条第2款规定："债权人未依照本法规定申报债权的，不得依照本法规定的程序行使权利。"该规定明确了未申报债权的债权人丧失的只是程序权利，并未丧失实体权利。所谓依照破产程序行使权利的情形，主要有行使表决权、异议权以及请求并获得破产财产分配权。

2. 可以进行补充申报。补充申报是对逾期未申报的债权人的一种补救措施。大多数国家的破产立法均规定了债权补充申报制度，主要有三种立法例：

一是当债权人因不可归责于自己的原因而未申报时，才允许申报，而无此事由时，不准申报。日本及我国台湾地区采此立法例。二是只允许债权人因不可归责于自己的事由而未申报者补充申报，但债权人在补充申报前，必须以诉讼恢复自己的申报权。法国采此立法例。三是无论债权人因何种原因未申报债权，均允许其申报。我国采此立法例，我国《企业破产法》第56条第1款规定："在人民法院确定的债权申报期限内，债权人未申报债权的，可以在破产财产最后分配前补充申报；但是，此前已进行的分配，不再对其补充分配。为审查和确认补充申报债权的费用，由补充申报人承担。"

显然，我国的补充申报不同于延展申报。延展申报是指债权人基于正当理由没有申报债权时，请求法院批准延长申报期限。延展申报的目的是保护那些因客观原因不能申报债权的债权人，进行延展申报后，可以取得正常申报同样的效果，而补充申报则不然。补充申报的期限不是法院确定的，而是由法律直接规定，即在破产财产最终分配前都可以进行补充申报。补充申报的结果与正常申报不同，对于已经过的程序和进行的破产分配，对补充申报人不再补充分配。同时，补充申报人还要承担为审查和确认其债权而支出的费用。

（三）对债权申报接受人的效力

申报接受人接到债权申报后，必须按照法律规定的形式进行登记和管理。在我国，债权申报接受人是管理人。《企业破产法》第57条规定："管理人收到债权申报材料后，应当登记造册，对申报的债权进行审查，并编制债权表。债权表和债权申报材料由管理人保存，供利害关系人查阅。"根据该规定，接受人的工作应当主要是：登记造册、编制债权表、保存申报材料并提供查阅。

第三节　破产债权的确认

一、破产债权的确认概述

破产债权的确认，是指债权申报后经过债权调查，最后按照一定标准确定为参加破产程序的破产债权制度。

破产程序开始后，债权人申报债权、经过债权调查后，再针对债权的性质、数额进行确认，最后作为破产分配的依据。申报的债权经过确认，即发生破产债权效力，破产债权人可以参加债权人会议，按照确认的数额行使表决权。

第六章

我国《企业破产法》第 58 条规定，破产债权的确认权归法院，对于债务人、债权人无异议的债权，由人民法院裁定确认。如果有异议的，经过诉讼确认。

二、破产债权确认的主体

破产债权由谁确认？国外有两种做法：一是规定为债权人会议的职权，二是规定为法院的职权。我国《企业破产法》第 58 条规定："债务人、债权人对债权表记载的债权无异议的，由人民法院裁定确认。债务人、债权人对债权表记载的债权有异议的，可以向受理破产申请的人民法院提起诉讼。"据此，破产债权的确认主体为人民法院。

我国的《企业破产法》不仅明确了法院是破产债权的确认主体，同时还规定，债务人、债权人对债权表记载的债权有异议的，可以向受理破产申请的人民法院提起诉讼。此即明确了对债权争议的确认权也归属于法院。考察国外破产立法，对债权争议的确认权，各国也无一例外规定为法院的职权。利害关系人对债权确认的结果有异议，通过债权确认诉讼的方式解决。对一些不涉及实体权利义务的问题可以由法院裁定解决，如对某些债权人在债权人会议上是否享有表决权及行使表决权时代表债权额的确认等。

三、破产债权确认的范围

债权人申报之债权须经确认后才能在破产程序中行使。对破产债权的确认，应该涵盖以下的内容：申报的债权事实上是否成立；债权之性质能否在破产程序中受偿；债权的数额；债权有无财产担保，担保物价款预计是否足以清偿担保债权，可能不足清偿的数额；债权尚不能确定或存有争议者，在债权人会议上是否享有表决权以及其代表的债权数额等。

债权确认的一般原则是，凡法律允许通过一般司法程序提出异议的债权，即未经发生法律效力的裁判所确认的债权，均应在审查确认之列，凡为已经发生法律效力的裁判所确认的债权，原则上不在审查确认之列。但经法院或仲裁机构的生效裁判确认的债权可直接取得在破产程序中的受偿权利，仅是一项基本原则，对该项债权的具体清偿，仍应依据破产法规定进行。受理破产案件的法院可依照破产法的特别规定对该项生效裁判中的债权内容进行必要地调整。如判决规定应当清偿的债权利息，发生在破产案件受理之后的部分，因不属于破产债权，在破产程序中不予清偿，等等。除此之外，受理破产案件的法院对其他法院或仲裁机构的生效裁判无权进行任何变更。

从债权的性质上看，无论债权有无物权担保，均应申报债权，并应经审查确认。《企业破产法》第56条第2款规定："债权人未依照本法规定申请债权的，不得依照本法规定的程序行使权利。"据此规定，有财产担保的债权也应当申报债权，方可依破产法行使权利。

但是，立法对担保物权人尤其是占有担保物的债权人未申报债权，能否在破产程序外对担保物行使优先受偿权无明确规定。依照《民法通则》、《物权法》和《担保法》的规定，担保物权人可以与担保人协议以担保物折价或以拍卖、变卖担保物所得的价款优先受偿。根据《物权法》第219、236条的规定，在担保物为债权人占有时（如质押、留置担保），担保物权人可以单方面拍卖、变卖担保物并从所得的价款中优先受偿。所以，从实务上讲，即使是在破产程序中担保物权人未申报债权也可依法自行从担保物上受偿。我国台湾地区有的学者认为，有财产担保的债权人未申报债权，其对担保物享有的权利并不丧失，仍可行使受偿权利，但其从担保物上受偿不足的部分债权因未经申报便没有受偿权利。这一观点较为合理，我国立法可以借鉴。在占有担保物的担保债权人未申报债权时，其他当事人如对其未加申报的债权有异议，或对其执行担保物有异议，则只能通过诉讼方式解决。

四、破产债权确认的程序

对债权审查确认的程序，多数国家立法规定，由受理破产案件的法院指定债权调查期日，并主持由债权人、破产人、其他利害关系人及管理人等参加的债权调查活动。债权调查可在第一次债权人会议召开之前进行，但通常是与第一次债权人会议同期进行。我国新破产法规定的债权调查活动是在第一次债权人会议上进行。

根据我国《企业破产法》规定，破产债权的确认程序具体可以分为以下三个阶段：

1. 管理人的审查程序。根据《企业破产法》第57条的规定，管理人收到债权申报材料后，应当登记造册，对申报的债权进行审查，并编制债权表。此即管理人的审查程序。这里的审查程序包括形式审查与实质审查，两者的意义和作用不同。管理人在编制债权表时只需进行形式审查，凡是符合登记形式要件的债权，就必须将其编入债权表，不允许管理人以债权实质上不能成立、超过诉讼时效等为由拒绝编入债权表。同时，管理人还需对编入债权表的债权进行实质审查，如是否真实存在、是否超过诉讼时效、数额是否正确等，并附在提交第一次债权人会议的债权表后，供债权人会议核查使用。债权表和债权申报材料由管理人保存，供利害关系人查阅。

2. 第一次债权人会议的核查程序。管理人依法编制的债权表，应当提交第一次债权人会议核查。债权的核查程序，首先由管理人宣读被核查债权的申报登记情况以及有关证据材料，并由该债权人进行说明。随后依次由管理人、债务人、其他债权人陈述意见。然后由该债权人解释，他人仍有疑问者可继续进行讯问调查。经核查后，管理人、债务人、其他债权人对债权无异议的，列入债权确认表。

3. 法院的裁定确认程序。对债务人、债权人等无异议的债权纳入债权确认表，其确认具有与生效判决同等的法律效力。经核查后仍存在异议的债权，由人民法院裁定该债权是否纳入债权确认表。该项裁定无实体法律效力，不影响利害关系人提起债权确认诉讼的权利。人民法院裁定该债权列入债权确认表的，异议人可以该债权人为被告提起债权确认诉讼。人民法院裁定该债权不列入债权确认表的，该债权人可以异议人为被告提起债权确认诉讼。根据破产法规定，管理人、债务人、债权人对债权登记表记载的债权有异议的，可以向受理破产申请的人民法院提起诉讼。

第六章

思考题

1. 简述破产债权的概念和特征。
2. 简述破产债权的范围。
3. 简述破产债权申报的概念、特征和范围。
4. 简述破产债权的申报规则和申报效力。
5. 简述破产债权的确认主体和确认程序。

第7章
破产财产

【学习目的与要求】 破产财产是应依破产程序分配给破产债权人的破产债务人的财产，是破产法的重要问题之一。通过本章的学习，应明确破产财产的概念，了解破产财产的特征和性质，掌握破产财产的范围及其除外情形，了解破产中自由财产的概念和范围。熟悉破产撤销权的基本理论，正确适用破产撤销权制度。

第一节 破产财产概述

一、破产财产的概念

（一）破产财产的含义

破产财产主要是英美法系国家使用的概念，在大陆法系中则称为破产财团。从形式意义上讲，破产财产是指应依破产程序分配给破产债权人的破产债务人的财产，其着眼点在于财产的分配程序与去向。这一概念是学理上的解释，不体现在法律具体规定中，故可称为学理概念。从实体意义上讲，破产财产是指破产宣告或者破产申请时，以及破产程序终结前（视所采立法原则而定），破产债务人所有的供破产清偿的全部财产，其着眼点是财产的构成与来源。通常这一概念都明确规定在法律中，以便实际执行，故可称为法律概念。鉴于破产主要是指债务人不能清偿到期债务时，对其财产清算分配的一种特别程序，而且各国法律上规定的破产财产实体概念并不相同，所以，我们便将形式意义上的破产财产作为其概念，而将实体意义上的破产财产称为破产财产的构成范围。[1]

---

[1] 王欣新主编：《破产法专题研究》，法律出版社 2002 年版，第 132 页。

英美法系分别使用破产财产和破产人的财产两个概念，前者是指用于破产分配的破产人的财产，后者则指除此之外，还包括不得强制扣押和执行的完全由破产人支配的所谓"自由财产"。[1] 我国破产立法一直使用破产财产的概念。

（二）破产财团的含义

在大陆法系国家的破产立法中，破产财团即破产财产，就是指供破产债权人分配的那部分债务人的财产。债务人一经宣告破产，就不能作为商业关系的主体，而破产财产又要支付一定必要的费用。这时，法律就把具有一定法律地位、本身就相当于一个财团法人的财产，称为"破产财团"，它是一种人格化的财产。破产财团的执行机关是法院任命的破产管理人，他有权代表破产财团来管理和处分这部分财产。属于破产财团的财产一般包括：①破产案件受理时属于破产人的一切财产；②破产人于破产案件受理前所享有的未来行使的财产权请求权；③破产宣告后至破产终结前破产人所取得的财产。破产人本身的权利和禁止扣押的财产（如生活必需品、职业和专业所必需的用品等）不属于破产财团。[2]

从理论上可将破产财团分为三种，即法定财团、现有财团和分配财团。法定财团，是指依据破产法规定，应当属于破产财产的全部财产组成的财团。现有财团，是指现实在破产管理人管理下的财产组成的财团。分配财团，是指破产管理人在破产清算后，实际用于对破产债权分配的财产组成的财团。破产宣告后，破产管理人接管破产企业之时管理下的现有财团，与法定财团的范围通常是不一致的，需要由破产管理人加以清理，收回在外财产，返还他人财产，使现有财团的范围与法律规定相一致。破产管理人对符合法律规定的现有财团，经过清理、处理、变价等工作，支付全部破产费用后，方组成可供破产分配的分配财团。此外，在自然人被宣告破产时，法律规定，专属于破产人的财产和为维护破产人生计而不纳入破产财产范围的保留财产，属于自由财团，由破产人自由支配。

（三）破产财产与破产财团的区别

在《破产法（试行）》颁布前后，多数学者认为，"破产财产"与"破产财团"两个概念并无实质差别。我国之所以采"破产财产"概念，是因为其通俗

[1] 韩长印主编：《破产法学》，中国政法大学出版社 2007 年版，第 65 页。

[2] 江平编著：《西方国家民商法概要》，法律出版社 1984 年版，第 326～327 页。

性和习惯性且可以同民事实体法保持一致。[1] 但学界并没有满足于这种简单的判断，于是形成了"等同说"、"部分差异说"和"完全差异说"的观点分歧。[2]"等同说"认为，破产财产与破产财团之间的含义并无不同，所区别的只是其用语而已。[3]"部分差异说"认为，破产财产与破产财团之间在内涵上大体相同，但仍有些微差别，我国破产法之所以采取"破产财产"概念，是因为它更为确切，更容易被人理解。[4] 但此说并没有对此差别作进一步的考察。"完全差异说"认为，破产财产与破产财团之间有着显然差异，破产财产只能作为权利客体，而破产财团则可以作为权利主体。

目前，大多数学者倾向于认为，"破产财产"与"破产财团"这两个概念性质并不相同，而不仅仅是语言表达上存在差别。正如有学者所言，"破产财产"与"破产财团"称谓之间的区别，不仅仅是术语上的差别，其所指的性质并不相同。[5]

不过，对于"完全差异说"，也有学者否定该说的观点。其理由是该说将"破产财产"术语同破产财产的性质联系起来，并在破产财团和"权利主体说"之间划上等号，这是不妥当的。破产财产的法律性质如何，与立法对其所用词句并无内在联系。使用"破产财产"一语，也不意味着对其法律性质一定不能作出"权利客体"的解说。在传统的破产制度上，破产财产与破产财团并非等值概念，而且往往同时并存，各具机能。从日本《破产法》第34条第1款"破产人在破产程序开始时具有的一切财产（不论是否在日本国内），作为破产财团"的规定，就可以看到"财产"与"财团"的明确界限：破产财产是具体范围，破产财团是集合范围。前者用于现实的、个别的层面，具有分散性和直观性的特点；后者用于抽象的、概括的层面，具有宏观性和集合性的特点。破产财产是破产财团的构成要素，破产财团是破产财产积累到一定程度的自然结果。不仅如此，这两个术语有时还合二为一，表达为"财团财产"，其意指特定财产属于破产财团范围。至于我国是否应在立法中移植"破产财团"，该学者持否定观点。其理由是：语意丰富的汉语，即使只用一个语词，如"破产财产"，一样

第
七
章

〔1〕 汤维建：《优胜劣汰的法律机制——破产法要义》，贵州人民出版社1995年版，第81页。
〔2〕 汤维建：《破产程序与破产立法研究》，人民法院出版社2001年版，第254页。
〔3〕 柯善芳、潘志恒：《破产法概论》，广东高等教育出版社1988年版，第160页。
〔4〕 柴发邦主编：《破产法教程》，法律出版社1990年版，第164页。
〔5〕 李永军：《破产法律制度》，中国法制出版社2000年版，第222页。

可以涵盖具体层面上的个别的、特定的财产和抽象层面上的概括的、一般的财产，即可以兼指"财产"与"财团"双重含义，使用起来通俗易懂且不失科学性。更为关键的是，我国民法迄今尚未使用"财团"一语，如在破产法这种特别法上"另起炉灶"，创设"财团"一语，不仅突兀，而且易生误解，不易被大众接受。因此反对移植"破产财团"的概念。[1]

上述关于"破产财产"与"破产财团"关系的分析与论证很有道理，但对于反对移植"破产财产"概念的理由，该学者认为其重要的原因在于我国民法上未使用"财团"一语而破产法上另创设"财团"一语显得突兀，则没有充分的说服力。事实上，我国民法上没有使用的术语不一定就意味着特别法上不能使用。如《票据法》中的"对价"、《证券法》中的"虚假陈述"等术语是英美合同法中固有的概念，而在我国民法上并未使用，但这些术语的使用并没有突兀感。

"破产财产"与"破产财团"的不同内涵被揭示出来是在 20 世纪中期以后，这与德国学者鲍狄奇 1964 年首倡的"权利主体说"有关，但这种关系并不是直接的、必然的因果关系，也就是说，即使没有"权利主体说"理论的提出，上述两概念之间的区别也是客观存在，不容抹煞的。

如果将财产的集合体作为独立法律主体对待，有助于解决法律实施上的困难。但是，我国《企业破产法》第 30 条规定："破产申请受理时属于债务人的全部财产，以及破产申请受理后至破产程序终结前债务人取得的财产，为债务人财产。"第 107 条第 2 款规定："债务人被宣告破产后，债务人称为破产人，债务人财产称为破产财产……"可见，我国破产立法采用了债务人财产和破产财产的概念。在破产法中，"破产财产"仅在狭义上使用，指在清算程序中在债务人之间进行分配的财产，而"债务人财产"不仅涵盖了破产清算程序中债务人财产，也将破产和解和重整程序中债务人财产包括在内，体现了破产立法理念的变革。[2]

二、破产财产的特征

破产财产与一般意义上的财产相比，有着自身的显著特征：

---

[1] 汤维建：《破产程序与破产立法研究》，人民法院出版社 2001 年版，第 254～256 页。

[2] 李曙光："债务人财产"，载《法制日报》2007 年 6 月 10 日，第 11 版。

1. 破产财产的目的性。作为一种特殊财产，破产财产具有鲜明的目的性，是专门依破产清算程序向全体债权人进行清偿的破产人财产。基于这种特定目的，国外破产法理论也称破产财产为"目的财产"，与"自由财产"相对应。自由财产即破产宣告后仍归破产人管理支配的财产，又称豁免财产或不可执行财产。

2. 破产财产的法定性。破产财产的范围是由法律明文规定的；不在法律规定范围内的财产，不可列入破产财产范围。英美法系往往采用列举式的立法，开出一张清单限定破产财产和自由财产；大陆法系往往采用概括式的立法，抽象地表达破产财产的构成。不管那种方式，都无一例外地对破产财产作出明文规定。之所以如此，是为了兼顾破产人和债权人对立双方的利益，解决现实中错综复杂的财产表现形式的归属，力求达到利益冲突各方的权益平衡，实现破产法的立法目的。

3. 破产财产的独立性。破产财产原本是由债务人享有财产权的财产，归债务人占有、管理和支配。但是破产宣告后，破产财产就脱离了破产人的支配范围，由破产管理人占有和支配，呈现出相对的独立性。债权人只有通过债权人会议决议，才可以对破产财产进行分配；破产管理人则须经法院许可，债权人会议或监督人同意，才可以对破产财产进行一定的处分。

4. 破产财产的可分配性。破产财产的本质要求之一是破产财产可以通过变价，以金钱方式对破产债权进行清偿，即可分配于各债权人。而专属于债务人的权利，如精神损害赔偿请求权，以及禁止扣押的财产，如破产人及其家属所必需的生活物品，则不属于破产财产的范围。法律之所以这样规定是基于道德或社会政策的理由，保护公共秩序和善良风俗，保障破产人最低限度的生活，以及经济上再生的机会和权利。这是世界上绝大多数采用一般破产主义国家的通行做法。

三、破产财产的性质

破产财产的性质，实质上就是关于破产财产是权利主体还是权利客体的问题，目前我国《企业破产法》中对此没有明文规定。从法学理论上讲，有权利客体说和权利主体说两种对立的学说。

1. 权利客体说，即破产财产本质上只是权利的客体的理论。该说认为，债务人被宣告破产后，虽丧失对破产财产的管理与处分权，但破产财产的所有权

第七章

仍属于破产人，破产财产仍只是破产人权利的客体。

2. 权利主体说，即破产财产自身即构成权利主体的理论。该说的基础是财团法人制度，主张破产财产本身即构成权利主体，可享有权利，其作为主体属于财团法人，具有民事主体的资格。这种观点更倾向于使用"破产财团"的概念。权利主体说又分为两大类：非法人团体说和法人团体说。

（1）非法人团体说认为，虽然破产法或者民法并没有明确规定破产财团为权利主体，但从破产法规定的法律关系上考察，只有承认破产财团具有权利主体的性质时，才能作出合理的解释。因为在有关破产财团的诉讼中，虽然以破产管理人为原告或者被告，但并非为破产管理人的权利、义务而诉讼，诉讼的结果由破产财团承受。此外，破产管理人所为行为而获得的利益直接归于破产财团。由此可见，破产财团具有权利主体的特性，破产财团并非是以单个财产的形式出现，而是以集合体的形式来偿还债务的。破产财团作为破产财产的集合体，具有一定的存在目的，且由破产管理人管理与处分，可以以自己的名义对外进行一定的民事活动和承担特定的债务，符合非法人团体的法律地位。[1]

（2）法人团体说认为，虽然法律上没有承认破产财团的法人地位，但是以法人人格为前提的种种法律效果在实体上的承认，可以说实际假定了破产财团法人人格。[2]

权利主体说除了以上两大类以外，又形成一些不同的分支学派，其中的观点与上述观点有一些交叉重叠之处。

（1）类似财团法人说。该说由德国学者艾思理提出，该说认为，破产财产为了满足破产目的而与其权利主体当然分离，成为法律上的"管理财产"。其性质则拟制为新的权利主体，类似于财团法人，由破产管理人为代理人。

（2）特别财团说。该说由德国学者黑尔威格提出，该说认为，破产财产在破产宣告后即形成一个"特别财团"。所谓特别财团是指统一的权利集合体。特别财团的权利主体仍为破产人，只是依法律的特别规定，使之与法人暂时处于相同的地位而已。破产管理人为破产财产的代理人。

（3）法人说。该说由德国学者霍尔维茨提出，该说认为，破产宣告后，破产法为了破产清算的目的，剥夺了破产人对破产财产的管理处分权，并进而将

[1]　陈荣宗：《破产法》，台湾三民书局1987年版，第197页。
[2]　[日] 石川明：《日本破产法》，何勤华、周桂秋译，中国法制出版社2000年版，第143页。

此权利规定由新的法律主体——破产管理人所有，破产财产由此取得法人资格，破产管理人是其法定代表人。

（4）默示构成法人说。[1] 该说由德国学者提出，又称为"推定法人说"。日本兼子一教授赞同此说，并称之为"暗星法人说"。该说认为，法人并非尽由法律所明文规定方得以存在，即便无明文规定，也可能存在法人人格。此种法人即是所谓"默示的法人"、"推定的法人"或者"暗星法人"。

（5）无法人人格财团说。[2] 该说认为，破产财团符合民法上无法人人格财产的特征。所谓无法人人格财团，是指以供一定目的使用的财产为中心而营运的组织。这种组织因欠缺法律上的技术要件（如未经设立登记）而没有法人人格，但其存在具有独立性和客观性，应当承认其权利主体性。

由于我国现行民事立法中尚无对财团法人的具体规定，破产财产也不是依据《民法通则》及相关法律登记设立的法人，故而，在现行立法体系下，就国内破产企业而言，认为破产财产自身即构成权利主体的理论恐难以成立。但是，近年来"权利主体说"在一些国家逐渐兴起，我国在制定新的破产立法时，可借鉴其他国家的理论，构筑我国立法上的相应制度。

四、对破产财产不同的立法原则

在破产财产的构成范围上，各国破产立法采取的主要有固定主义原则与膨胀主义原则两种形式。固定主义以破产宣告时债务人所有的财产包括将来行使的财产请求权为破产财产，所谓固定，是指破产宣告时破产财产的范围即已确定。日本、德国、美国等国采用这一立法方式。膨胀主义是指破产财产不仅包括债务人被宣告破产时所有的财产，而且包括其在破产程序终结前所新取得的财产，破产财产的范围在破产宣告后仍然有所膨胀、扩大。英国、法国、瑞士等国及我国台湾地区的破产法采用这一立法主义。客观而言，两种立法方式各有利弊。固定主义因在破产宣告时便将用于分配的财产范围确定，有助破产程序迅速进行，而且破产人在破产宣告后新得到的财产不用于破产清偿，由其自由支配，可鼓励其在破产过程中恢复经济活动，创造财富，维持生活，减轻社会负担。但是，其弊病在于对债权人利益保障不足，给予清偿较少，破产人在

---

〔1〕　谢邦宇主编：《破产法通论》，湖南大学出版社 1987 年版，第 102 页。

〔2〕　刘春玲："论破产清算组的法律地位"，载《现代法学》1993 年第 4 期。

破产程序终结前新的经济活动失败时可能导致二次破产，反使案件复杂化，还可能出现破产人利用破产宣告与新得财产取得的时间差来逃避债务，侵害债权人利益的现象。膨胀主义可增加用于债权人分配的财产，防止出现债务人实际上有钱不还的不公平现象，杜绝二次破产的发生。但是，由于破产程序终结前破产财产可能不断增加，致使破产财产的管理、变价等较为复杂，破产程序的时间相对延长。而且，由于破产人在破产宣告后新得到的财产也用于破产分配，在破产终结之前，破产人难以恢复正常的经济活动，会造成社会的救济负担，也有其不利之处。一国的破产立法在破产财产问题上采取固定主义还是膨胀主义，在实践中的意义，主要表现在破产人为自然人的情况下。因为法人将因破产而终止，不存在以其名义再恢复经济活动的问题。只有在破产人为自然人的情况下，才存在因破产宣告后仍要继续生存而需恢复正常的经济活动，以及是否会造成社会负担等问题。此外，法人在破产宣告后仍能重新获得财产的情况很少，而自然人则可能因进行新的经济活动、继承、接受赠与等得到新的财产。

我国现行《企业破产法》在破产财产范围上采用的是膨胀主义立法原则。在破产人为全民所有制企业法人或其他法人型企业的情况下，由于其在破产过程中新得财产的可能并不大，对破产分配也没有什么重要的影响。但是，在法律上对这些可能出现的新的财产的归属，必须有一个明确而合理的规定。膨胀主义更适合于我国的实际情况，它可保证公平，有利于保障经济秩序，维护债权人的合法权益，防止出现法律调整空档。由于破产人新得财产的可能不大，对破产进程时间也无甚影响。而且因法人破产后即告消灭，无需采固定主义来鼓励其开展新的经济活动，企业职工在破产宣告之后由国家安置就业或自谋职业，不存在因新得财产归属而影响社会财富或负担增减的问题，与自然人的破产有显著区别。采用膨胀主义可扬长避短，并能适应将来破产制度扩大适用到自然人企业乃至自然人的发展趋势，为其确立正确的立法原则。

第二节　破产财产的范围

一、破产财产的构成要件

1. 破产财产必须是财产或财产性权利。破产财产仅指能够成为积极财产的权利和财物，而不包括消极财产的负债。而积极财产是一种广义的财产，既包括有形财产，也包括无形财产。其中无形财产，不仅包括属于破产人的专利权、商标权等，而且包括与商业活动有关的、具有财产价值的各种权利，如破产人的客户名单、商号、商业秘密或技术秘密等。而著作权由于其专属性较强，一些国家或地区对其有特殊规定。而人身权因与权利主体人身不可分离，没有直接的财产内容，故不属于破产财产，如名称权、名誉权等。

2. 破产财产必须是法定期限内的财产。破产财产必须是在破产宣告时为破产人所拥有的财产，还包括破产宣告后至破产清算程序终结前所取得的财产。具体地说，包括三个方面：①破产财产以破产宣告或破产程序开始为起点时间。我国《企业破产法》中，破产财产则以法院裁定受理破产申请为起点时间。②破产财产以破产清算程序终结为终点时间，破产财产在破产清算程序的整个过程中具有不断的变动性，这表明我国立法所采取的是膨胀主义立法原则。③破产财产不仅包括破产人的现实财产，也包括未来的财产请求权。

3. 破产财产必须是由管理人占有和支配的财产。破产人被宣告破产后，破产财产只能由负责破产清算事务的管理人占有和支配。在破产宣告前，债务人可以在管理人的监督下自行管理财产，但是破产债务人一旦被宣告破产，破产财产就只能由管理人占有和支配。当然，管理人对破产财产的占有是为全体债权人的利益而实施的。因此，管理人对于破产财产的管理和处分，也并非完全的自由或自主。首先，其管理和处分行为必须服从破产清算的目的和破产法的规范。其次，该行为必须符合全体债权人的利益并尊重债权人的集体意志。

4. 破产财产必须是能够依法强制执行的财产。在民事诉讼法或民事执行程序中，通常会规定不得强制执行的范围。民事执行程序为个别执行程序，而破产清算程序则是概括执行程序。凡个别执行程序规定不得执行的，概括执行程序也当然不得执行。

5. 破产财产必须是破产人在国内的财产或在国外可以取回的财产。这是破产财产的空间标准问题，也是破产程序的域外效力问题。各国破产立法对此问题历来有属地主义、普及主义和折中主义三种立法原则。属地主义是指破产法的效力仅及于本国国内，只有该破产人在国内的财产才属于破产财产，受破产程序制约，其位于国外的财产不受破产程序的影响。普及主义是指破产法的效力不仅及于本国，而且及于破产人在国外的全部财产。普及主义能够一次性解决所有的债务清偿问题，公平保障债权人的利益，但受司法主权原则的制约，实践中往往难以实现。折中主义立法认为，破产法的效力应视破产人财产的性质而定，及于动产而不及于不动产；或者采缔结双边或者多边条约的方式，相互承认对方破产程序在本国内的效力。我国《企业破产法》第 5 条第 1 款规定，依照本法开始的破产程序，对债务人在我国领域外的财产发生效力。可见，我国采取的是折中主义立法原则。[1]

二、我国法律规定的破产财产构成范围

在立法对破产财产构成范围的规定上，涉及两方面的问题。第一是破产人在何时期拥有的财产属于破产财产，第二是在破产人的财产中，哪些财产属于破产财产，哪些财产不属于破产财产。在前一问题上，各国破产立法统一的规定是，破产人在破产宣告时的财产应属于破产财产，区别则在于，破产人在破产宣告后至破产程序终结前所取得的财产是否属于破产财产。如前所述，这涉及到一国的破产立法采取固定主义还是膨胀主义的问题。在后一问题上，则涉及到各国破产立法根据本国具体情况而作的一些特别规定。通常是在破产人为自然人时，为保障其生活需要，而对其财产在破产清算时作出一定的保留，不纳入破产财产的范围，由破产人自由支配，这些保留财产被称为自由财产或自由财团。

我国《企业破产法》第 30 条和第 107 条第 2 款就破产财产的范围作出规定。

1. 在破产申请受理时属于债务人的全部财产。这些财产大体包括四类：①有形财产，如厂房、机器设备、运输工具、原材料、产成品和办公用品等；②无形财产，如土地使用权、专利权、商标权、著作权、专有技术、特许权等；③货币和有价证券；④投资权益，如破产企业在其他公司中享有的股权。

2. 破产申请受理后至破产程序终结前债务人取得的财产。破产企业的管理人可以进行必要的民事活动，并有权决定继续履行破产企业未履行的合同，通过管理人的行为所取得的财产本身属破产企业资产增值的结果，构成破产财产的组成部分，这类财产属于破产财产。具体包括以下几种情况：①因未履行合同的继续履行而取得的财产；②由破产企业享有的投资权益所产生的收益，如公司股份的年终分红、在合资企业中获得的利润分配；③破产财产所生的孳息，如房租、银行利息；④清算期间继续营业的收益，前提是在有利于破产债权人

---

[1]　齐树洁主编：《破产法》，厦门大学出版社 2007 年版，第 200～201 页。

利益的情况下进行必要的营业所得；⑤基于其他合法原因而取得的财产。

三、不属于破产财产的财产范围

破产企业内的财产并不一定都是破产人的财产，而破产人的财产也并不等于就是用于分配的破产财产。根据我国有关破产法律、行政法规和司法解释规定，以下财产不属于破产财产：

1. 已作为担保物的财产不属于破产财产，担保物的价款超过其所担保的债务数额的，超过部分属于破产财产。

2. 依法禁止扣押执行的财产，如企业保卫部门的枪支弹药、警械，涉及国家机密的文件档案或技术资料等。

3. 破产企业的党、团、工会等社团组织的经费及其购置的财产。这些组织的经费及财产虽位于破产企业之内，但财产的所有者不同，不属于破产企业。不过其中如有破产企业无偿交由其使用的财产，如办公室、会议场所、文体设施等，则应属于破产财产。

4. 破产企业投资兴办的托儿所、幼儿园、学校、医院等机构。单纯从财产的来源看，这些机构属于破产企业的财产。但它们的性质都是社会事业单位，不是从事生产经营的企业，不属于《企业破产法》的适用对象，所以，需区别情况处理。在这些机构继续开办的情况下，其财产不应作为破产财产处理，这样也可以避免因此造成其他方面的社会问题。在企业破产后，这些机构应移交政府有关部门管理。但如这些机构不再续办，其财产处置后应纳入破产财产。对此问题，国务院在其《关于在若干城市试行国有企业破产有关问题的通知》和《关于在若干城市试行国有企业兼并破产和职工再就业有关问题的补充通知》中有明确规定。二通知指出，破产企业的学校、托幼园（所）、医院等福利性设施，原则上不计入破产财产，由破产企业所在地的市或者市辖区、县的人民政府接收管理，其职工由接收单位安置，但是，没有必要续办并能整体出让的，可以计入破产财产。

5. 对于产权属于破产企业的职工宿舍、住房是否属于破产财产，人们的观点不一。一些人认为，职工宿舍、住房难以收回、变现、分配，处置不当还会引发社会问题，所以不应作为破产财产。可能出于相同的考虑，国务院在其二通知中规定，对破产企业的职工住房采取与其学校、托幼园（所）、医院等福利性设施相同的处理办法。这种做法恐有不妥，与我国目前的"房改"政策也不相符。财产的归属与具体如何处理分配是两个性质不同的问题，不能因为分配上有困难便否认其破产财产的属性。破产企业的职工宿舍、住房等财产应属于破产财产，在分配时应当折价抵偿给债权人。债权人可以按照我国的"房改"政策，采取向住户出售产权等方式收回债权，得到清偿。但是在处分房产时，应明确规定"买卖不破租赁"的原则，债权人不得强行将订有租赁合同的住户赶走，另行分配居住，以保障原有住户的合法权益。

6. 破产企业以划拨方式取得的国有土地使用权不属于破产财产，在企业破产时，有关人民政府可以予以收回，并依法处置。纳入国家兼并破产计划的国有企业，其依法取得的国有土地使用权，应依据国务院有关文件规定办理。

7. 根据《国家税务总局关于印发〈增值税问题解答（之一）〉的通知》（国税函发〔1995〕288号）第9条规定，纳税人破产、倒闭、解散、停业后，其期初存货中尚未抵扣的已征税款，以及征税后出现的进项税额大于销项税额后不足抵扣部分（即留抵税额），税务机关不再退税。该部分款项不属于破产财产。

第三节　破产撤销权

一、破产撤销权的概念

破产撤销权（下称撤销权，与民法撤销权对称使用时称破产撤销权），指债务人财产的管理人对债务人在破产申请受理前的法定期间内进行的欺诈债权人或损害对全体债权人公平清偿的行为，有申请法院予以撤销的权利。在不同国家或地区的破产立法中，撤销权之称谓有所不同。我国台湾地区"破产法"称之为撤销权，日本《破产法》称之为否认权，在英美法系的一些国家，称之为可撤销交易制度。

撤销权的设立，是为防止债务人在丧失清偿能力、对破产财产无实际利益的情况下，通过无偿转让、以明显不合理的价格交易，或者偏袒性清偿债务等方法损害全体或多数债权人的利益，破坏破产法的公平清偿原则。公平是人类恒久的追求。法律以实现公平为己任，而适用于债务人丧失清偿能力情况的破产法尤需体现公平原则。

二、破产撤销权的法律特征

（一）债务人的可撤销行为均以财产或者财产权利为标的

债务人的可撤销行为如无偿转让财产、以明显不合理的价格进行交易、对没有财产担保的债务提供财产担保、对未到期的债务提前清偿、放弃债权和债务人在特殊情况下对个别债权人清偿的行为指向的都是债务人的财产或财产性权利。因为在破产程序中，只有财产或者财产性权利才对债务人的清偿利益具有实际意义，才有必要通过撤销权加以维护。对于债务人不涉及财产或者财产性权利的内容违法行为的撤销，可以按照民事法律的规定进行。

（二）债务人的可撤销行为具有明显的侵害债权人利益的欺诈故意，或具有偏袒性清偿的不公平性质

破产撤销权的关键要件是债务人的行为在客观上造成了债权人所获清偿的减少，或者是导致出现清偿不公的现象。当然，在实务中，债务人在法院受理破产申请前的财产减少，也可能是由于经营失误、管理不善、交易损失等其他行为造成的，此时债权人利益虽然也受损，但这些情况属于正常的经营风险，不属于管理人行使撤销权的范围之列。

（三）撤销权的设置目的在于防止债权人利益受到不正当的损害

从理论上讲，行使撤销权的一个前提就是出现债权人利益因债务人的行为而受损的事实。即债务人对其财产或者财产性权利的处分行为使作为债务履行担保的一般责任财产减少，直接引发破产程序，或者在日后开始破产程序中使债权人所得分配减少，或者使部分债权人得到偏袒性清偿，破坏对全体债权人的公平清偿。相反，如果在债务人行为时，债务人企业经营与债务状况正常，并无破产之虞，行为未损害债权人利益，那么即使以后企业亏损破产，对该行为也不得撤销。这也是为了保障正常的经济秩序、维护民事关系的稳定。

三、破产撤销权行使的法定期间

（一）受理破产申请前1年内

新《企业破产法》第31条规定，人民法院受理破产申请前1年内，债务人有下列行为之一的，管理人可请求法院予以撤销。这些行为主要有：①无偿转让财产的；②以明显不合理的价格进行交易的；③对没有财产担保的债务提供财产担保的；④对未到期的债务提前清偿的；⑤放弃债权的。

第七章

（二）受理破产申请前 6 个月内

新《企业破产法》第 32 条规定，人民法院受理破产申请前 6 个月内，债务人有《企业破产法》第 2 条第 1 款规定的情形，即已经出现破产原因，仍对个别债权人进行清偿的，管理人有权请求法院予以撤销。但是，个别清偿使债务人财产受益的除外。

思考题

1. 简述破产财产的概念、特征和性质。
2. 简述破产财产的范围。
3. 简述破产撤销权的概念和特征。
4. 在什么情形下，管理人可以向人民法院申请撤销债务人的行为？
5. 简述破产程序中的可撤销行为。

第七章

第 8 章
破产和解制度

【学习目的与要求】　破产和解制度是一种破产预防制度，它以和解协议为基础，通过债权人对债务人的谅解，并给予其恢复经营能力的机会，进而实现多赢的现代破产法律制度。通过本章的学习，要掌握破产和解制度的价值、和解申请、和解申请的受理与审查、和解协议草案及其表决、和解协议的生效与执行、和解期间届满的后果等基本内容，了解和解协议强制执行力的基本理论及其利弊，正确理解和适用和解制度的基本规范。

第一节　破产和解制度概述

一、破产和解的概念与特征

破产和解是指当债务人已经具备破产原因，尚未被人民法院宣告破产前，由债务人向人民法院提出与债权人和解的申请，并经债权人会议同意，终止破产清算程序的一种法律制度。

破产和解是预防破产的一种制度，它为消解破产清算制度给社会带来的负面影响提供了制度支撑。破产和解制度具有下列法律特征：

1. 破产和解的目的在于避免破产清算。当债务人出现破产原因时，无论是债务人还是债权人都有权提起破产申请，宣告债务人破产，实施破产清算，实现债权人之间的公平受偿。债务人进行破产清算，耗时长、成本高，债权人难以获得足额清偿，并且债务人破产会引起债务人主体资格的消灭，大量员工失业，造成严重的社会问题。所以，破产清算制度并不能真正实现债权人、债务人、社会各方的多赢。规定破产和解制度，就是要主动达成债务人与债权人的和解，由债权人做出让步，给债务人以机会，进而避免债务人破产清算给各方利益带来的无法挽救的损失。

2. 破产和解发生在债务人已经具备破产原因，但尚未被宣告破产前。债务人具备破产原因后，债务人或者债权人均可向人民法院提起破产申请，人民法院经审查受理后可宣告债务人破产清算。这一时间段可分为两个阶段，一是债务人已经具备破产原因，但尚无人向人民法院提起破产申请；二是宣告债务人破产的申请已经人民法院受理，但尚未作出破产宣告之前。无论是在前一个阶段还是后一个阶段，债务人均可向人民法院提起破产和解的申请。当然，破产和解申请的管辖法院应当依照破产申请的管辖规则，向债务人所在地法院提起。

3. 破产和解申请应由债务人向人民法院提起。无论破产申请有无被受理，破产和解申请均应由债务人向债务人所在地人民法院提出。债务人提出破产和解申请的同时应当提交和解协议草案。人民法院经审查认为和解申请符合破产企业法规定的，应当裁定和解，予以公告，并召集债权人会议讨论和解协议草案。对债务人的特定财产享有担保权的权利人，自人民法院裁定和解之日起可以行使担保权利，优先受偿。

4. 和解协议草案应经债务人会议表决同意。人民法院裁定进入和解程序以后，应将和解协议草案提交债权人会议表决。债权人会议通过和解协议的决议，应由出席会议的有表决权的债权人过半数同意，并且其所代表的债权额占无财产担保债权总额的2/3以上。和解协议草案经债权人会议表决未获得通过，人民法院应当裁定终止和解程序，并宣告债务人破产。

5. 债权人会议表决通过的和解协议应经人民法院认可方可生效。债权人会议通过和解协议的，由人民法院裁定认可，终止和解程序，并予以公告。债务人自行实施营业，并依照和解协议的规定偿还债务。人民法院已经受理破产申请并指定了管理人的，管理人应当向债务人移交财产和营业事务，并向人民法院提交执行职务的报告。经债权人会议通过的和解协议未获得人民法院认可的，人民法院应当裁定终止和解程序，并宣告债务人破产。

从广义的角度理解，破产和解程序可分为法院和解和法院外和解两类。法院和解就是上述的和解，是债务人通过法院达成与债权人的和解，进而避免破产清算。法院外和解是指债务人与全体债权人在法院外自行达成和解，并经法院认可后与法院和解具有相同效力的和解。两者的区别在于：

1. 法院和解必须由债务人向人民法院提出，法院外和解由债务人与债权人自行达成，在和解协议形成阶段与法院无关。

第八章

2. 法院和解是一种强制程序，和解协议草案的表决规则由法律直接规定，和解协议草案经法定程序表决通过后，对所有的债权人产生拘束力。法院外和解是一种契约行为，和解协议应由债务人与全体债权人共同达成，经全体债权人一致同意，或者经由全体债权人一致同意的表决规则表决通过。

3. 法院外和解产生契约的效力，法院外和解如果要产生与法院和解相同的效力，应经法院认可。《企业破产法》第105条规定，人民法院受理破产申请后，债务人与全体债权人就债权债务的处理自行达成协议的，可以请求人民法院裁定认可，并终结破产程序。

二、破产和解制度的法律性质

破产和解是民事和解制度的特殊表现形式，由于和解的目的及和解赖以依存的程序的特殊性，使得学界在其性质认识上存在较大分歧。主要观点有：

1. 契约说。破产和解是债权人与债务人之间的契约，该契约具有要式性，法院的认可及裁定是该契约生效的要件。作为法律行为，契约以意思表示为要素，经由债权人会议表决通过的和解协议并不关注占少数的反对者的意思，或者说占少数的反对者的意思并不产生私法上效果，对其产生拘束力的不是他的意思，而是其他多数人的意思，这与契约的基本原理是相悖的。这是契约说的主要缺陷。

2. 裁判说。破产和解应经由法院为之，并且和解协议的生效以人民法院的认可为条件。要不要进入和解程序要由人民法院裁定决定，对和解协议的认可应以裁定为之，和解程序的终止亦应由裁定决定，所以破产和解具有明显的裁判属性，无法脱离法院的裁判程序。但法院对和解协议草案的认可是建立在债权人会议表决通过的前提下，多数债权人的共同意思对裁判活动也有实质性影响。

3. 特殊行为说。破产和解程序既不是纯粹的契约行为，也不是完全的裁判行为，破产和解是一种具有自身特点的特殊诉讼行为，其嫁接于特别诉讼程序，和解协议效力的发生离不开法院的认可。特殊行为说是一种比较确切的认识。破产和解程序虽然具有其他程序的某些特点，但其归根结底是破产法上的一种独立程序，具有鲜明的个性，被大多数国家的破产立法所承认。

第八章

三、破产和解制度的立法

破产和解制度被各国立法普遍承认。在立法体例上一般包括下列三种类型：

1. 就破产和解制度单独立法。意大利在 1903 年颁行了与《破产法》并行的《破产预防法》，适用至今。德国的《和解法》直至 1994 年《支付不能法》颁行才被废止。

2. 将破产和解制度规定进破产法中。英国《破产法》第一组第一部分"公司自愿安排"与第二组第一部分"个人自愿安排"对和解制度作了详细规定。[1] 美国 1978 年《破产法典》第十三章"有固定年收入的个人的债务调整"，对特殊主体的和解制度作了规定。我国《企业破产法》第九章题为"和解"，对破产和解制度作了专章规定。

3. 将破产宣告前和解和破产宣告后和解分别立法规定。日本将破产宣告前的和解单独立法，名为《和议法》。将破产宣告后、财产分配前的和解规定于《破产法》中，名为"强制和议"。

在我国，破产和解制度先后被规定在 1986 年《企业破产法（试行）》第四章"和解与整顿"以及 2006 年《企业破产法》第九章"和解"中。新法较之于旧法，变化与进步主要表现在：

1. 从申请人的角度讲，新法规定了债务人直接向人民法院申请和解的权利。《企业破产法》第 95 条规定："债务人可以依照本法规定，直接向人民法院申请和解；也可以在人民法院受理破产申请后、宣告债务人破产前，向人民法院申请和解。"

2. 从申请提出的时间来看，新法赋予债务人在破产原因出现之后、破产申请尚未被受理之前提出和解申请的权利，扩大了申请的时间范围。

3. 将和解规定为一个独立的程序，不再与其他程序相关联，受其他程序的制约。《企业破产法》第九章题为"和解"，修改了《企业破产法（试行）》中将和解与整顿关联制约的立法模式，删除了整顿程序，在第八章专章单独规定了"破产重整"制度。

4. 明确规定了和解协议的法律效力。新法对和解协议的生效、效力范围、效力终止，以及和解协议未生效的后果都作了明确规定。

---

〔1〕　参见丁昌业译：《英国破产法》，法律出版社 2003 年版，第 28～38、189～200 页。

新法关于和解制度的规定使得和解制度更具操作性，和解制度立法的目的能够得到更好地实现。

第二节　破产和解程序

一、和解申请

1. 申请人。根据《企业破产法》第95条之规定，破产和解的申请人为债务人。如果债务人没有和解的意思，不提出和解申请，和解程序是无法启动的。

2. 向谁申请。无论破产申请是否被法院受理，破产和解的申请都应向人民法院提出。由此可见，破产和解属于强制程序，由人民法院主导，无论是债务人还是债权人都应在人民法院的主导下实施和解，执行和解协议。债务人因出现破产原因，与债权人在法院之外达成和解的，要产生法院破产和解的效力，同样需经人民法院裁定认可。

3. 提出和解申请的时间。根据《企业破产法》第95条之规定，债务人在出现破产原因后，人民法院尚未宣告破产前，均可提出破产和解的申请。这一期间可以分为两个阶段，第一个阶段是破产原因发生后到破产申请被人民法院受理之前，这一阶段有关债务人破产事项人民法院并未介入；第二个阶段是人民法院已经受理破产申请、尚未宣告破产之前，这一阶段有关债务人破产事项人民法院已经介入，和解申请应向受理破产申请的人民法院提出。债务人在人民法院裁定宣告破产后无权再申请和解。

4. 申请时应当提交的文件。除了和解申请书外，根据《企业破产法》第95条之规定，债务人申请和解时还应当提交和解协议草案。和解协议草案由债务人拟订，人民法院审查，债权人会议表决通过。

债务人提出和解申请后，将由人民法院对和解申请进行审查，裁定是否受理。

二、和解申请的审查与受理

债务人提出和解申请后，人民法院应当及时进行审查，决定是否受理。人民法院对和解申请的审查应围绕以下几个方面展开：

1. 和解申请书的形式审查。这是审查的第一步。包括：

（1）申请人是否为债务人。和解申请只能由债务人提出，这是法律的明文规定。

（2）提出申请的时间是否在法律规定的时间范围内。没有出现破产原因之前无需申请破产和解，被破产宣告后不再进行和解。

（3）申请文件是否齐备。包括申请书要件是否齐全，内容是否完备，签章是否真实，申请书附件是否齐备。我国法律明确要求，债务人提出和解申请时还应当同时提交和解协议草案。

（4）有无具备破产原因的证明。和解申请应在具备破产原因之后提出，因此债务人提出和解申请时还应当举证证明自己已经具备了破产原因。和解申请书应附有债务人的资产负债表、债权债务清册、财产清单等，方便人民法院审查。和解申请如果是在人民法院已经受理破产申请的情况下提出的，可以不再重复提交具备破产原因的证明。

2. 申请人和解能力的审查。申请人是否具备和解能力是和解程序启动的前提。人民法院对债务人和解能力的审查是形式上的。包括：

（1）是否有充足合理的财务安排和组织保障恢复生产经营活动。和解一旦生效，破产程序终止，债务人应恢复正常的生产经营活动。债务人恢复正常生产经营活动所需的财务支持和组织保障是否具备是审查的重要方面。

（2）是否有明确的经营计划和经营策略。导致债务人出现破产原因的情形很复杂，债务人提出和解，应当制定具有针对性的经营计划和应对策略，如果仍然按照原有的经营办法继续经营，无法充分说明债务人据此即可消除破产原因。

（3）是否制定有完善的债务清偿计划或者为债务的履行提供了有效的担保。这是债权人最为关注的事项，人民法院如果将一个不具备债务清偿计划或者担保方案的和解协议草案提交债权人会议，结果是可想而知的。

3. 对和解协议草案的审查。法院对和解协议草案的审查仍然是形式上的，对和解协议草案的实质审查应当交由债权人会议进行。

人民法院对和解协议草案的审查主要围绕和解协议草案的内容是否齐备进行。和解协议草案的主要内容应当包括：债务清偿的方法；债务清偿的期限；债务清偿的财产来源或者担保等。如果不具有这些主要内容，是无法提交债权人会议讨论表决的。

根据《企业破产法》第96条规定，人民法院经审查认为和解申请符合法律规定的，应当裁定和解，予以公告，并召集债权人会议讨论和解协议草案。对债务人的特定财产享有担保权的债权人有权要求债务人提前清偿。债权人会议对和解协议草案进行审查表决。

三、和解协议草案的表决

和解协议草案由债权人会议表决。不是所有的债权人都享有对和解协议草案的表决权，和解协议草案的表决是以有表决权债权人及其债权总额作为基数来计算的。根据《企业破产法》第 59 条、第 61 条第 1 款第 7 项、第 10 项之规定，对债务人的特定财产享有担保权的债权人，未放弃优先受偿权利的，对和解协议草案不享有表决权。

债权人会议对和解协议草案的表决，应适用《企业破产法》关于债权人会议的一般规定。债权人会议通过和解协议的决议，由出席会议的有表决权的债权人过半数同意，并且其所代表的债权额占无财产担保债权总额的 2/3 以上。表决采用"双通过"标准。

债权人会议通过和解协议的，由人民法院裁定认可，终止和解程序，并予以公告。管理人应当向债务人移交财产和营业事务，并向人民法院提交执行职务的报告。

和解协议草案经债权人会议表决未获得通过，或者虽经债权人会议通过但未获得人民法院认可的，人民法院应当裁定终止和解程序，并宣告债务人破产。

四、和解协议的执行与终止

经人民法院裁定认可的和解协议，对债务人和全体和解债权人[1]均有约束力，债务人与全体和解债权人均应遵循该协议的约定，执行和解协议。全体债权人与人民法院有权对和解协议的执行进行监督。债权人对和解协议的监督办法和程序应当由和解协议规定。

债务人不能执行或者不执行和解协议的，人民法院经和解债权人请求，应当裁定终止和解协议的执行，并宣告债务人破产。

---

[1]　依照《企业破产法》第 100 条第 2 款之规定，和解债权人是指人民法院受理破产申请时对债务人享有无财产担保债权的人。

第三节   破产和解协议的效力

一、和解协议的生效与无效

债权人会议依法通过和解协议草案后，和解协议并不立即生效。和解协议的生效，依赖于人民法院的裁定认可。人民法院对债权人会议表决通过的和解协议，经审查认为符合法律规定，裁定认可，终止和解程序，并予以公告。人民法院如果认为经债权人会议通过的和解协议不符合法律规定，不予认可，裁定终止和解程序，并宣告债务人破产。和解协议在后一种情形之下是不生效的。经人民法院裁定认可的和解协议，对债务人和全体和解债权人均有约束力。

因债务人实施欺诈或者其他违法行为而使人民法院和债权人会议通过和解协议的，经查证属实，人民法院应当裁定和解协议无效，并宣告债务人破产。和解协议被宣告无效的，和解债权人因执行和解协议所受的清偿，在其他债权人所受清偿同等比例的范围内，不予返还。这一点进一步表明破产程序所要解决的主要是债权人之间的公平受偿问题。

二、和解协议的执行期间

和解协议的执行期间也是和解协议的效力存续期间，是指和解协议约定的对和解各方法律拘束力的存续期间。在这一期间，债务人应当依照和解协议的约定清偿债务，债权人不得申请宣告债务人破产，或者其他由和解协议约定的对债权人权利行使的限制。依照《企业破产法》第100条之规定，和解债权人未依照本法规定申报债权的，在和解协议执行期间不得行使权利；在和解协议执行完毕后，可以按照和解协议规定的清偿条件行使权利。

和解协议的终止包括正常终止和非正常终止两种情形。在和解协议执行期间，债务人已经按照和解协议规定的条件如期清偿完债务的，和解协议终止，债权人没有新的证据和理由，不得申请债务人破产。按照和解协议减免的债务，自和解协议执行完毕时起，债务人不再承担清偿责任。在和解协议期限届满后，债务人仍没有按照和解协议规定的条件清偿债务的，和解协议终止，人民法院宣告债务人破产。在和解协议执行期间，债务人有不能执行或者不执行和解协议的情形的，人民法院经和解债权人请求，应当裁定提前终止和解协议的执行，并宣告债务人破产。人民法院裁定终止和解协议执行的，和解债权人在和解协议中作出的债权调整的承诺失去效力。和解债权人因执行和解协议所受的清偿仍然有效，和解债权未受清偿的部分作为破产债权。为保证债权人之间的公平受偿，只有在其他债权人同自己所受的清偿达到同一比例时，才能继续接受分配。如果因债务人的行为致使和解协议被裁定终止执行的，为和解协议的执行提供的担保继续有效。

三、和解协议对人的效力

依照《企业破产法》第 100 条之规定，经人民法院裁定认可的和解协议，对债务人和全体和解债权人均有约束力。具体包括：

（一）对和解债权人的效力

经人民法院裁定认可的和解协议仅对和解债权人有约束力。和解债权人是指人民法院受理破产申请时对债务人享有无财产担保债权的人。

1. 对债务人享有无财产担保的债权人，无论其对和解协议是否赞同，只要和解协议依法经债权人会议表决通过，其就应当遵守和解协议的规定。

2. 和解债权人在和解协议执行期间，债权行使受到限制。全体和解债权人只能依照和解协议的规定受偿，不得要求或者接受债务人和解协议之外的个别给付，不得就其无担保的债权提起个别强制程序。

3. 和解债权人如果未依照《企业破产法》的规定申报债权的，在和解协议执行期间暂停权利的行使；在和解协议执行完毕后，可以按照和解协议规定的清偿条件行使权利。

4. 和解债权人对债务人的保证人和其他连带债务人所享有的权利，不受和解协议的影响。这是破产法的一贯立场，属主从债关系的一般规则之例外。也就是说，主债因和解协议的约定而延期或者部分免责，但作为从债的保证或者其他连带之债并不会因和解协议的约定延期或者部分免责。和解协议对保证人或者其他连带债务人不生效力。

（二）对债务人的效力

和解协议是基于破产和解程序而达成的一类特殊契约。因此，无论是从当事人合意的生效、契约的执行，还是违约的后果上，都具有明显的强制主义色彩。和解协议是无担保的债权人对债务人清偿债务做出让步的结果，债务人因和解协议获得了程序上和实体上的利益，债务人理应执行和解协议的规定，按

第八章

照和解协议规定的条件清偿债务。债务人不能执行或者不执行和解协议的，因和解协议而获得的利益自然不能再继续享有，[1] 债权人在和解协议中的让步也会失效。

1. 债务人因和解协议的生效而取得和解协议赋予的权利，承担和解协议规定的义务。

2. 债务人因和解协议的生效而取得对其所有财产的经营管理权，基于破产程序对其权利的限制因而解除。

3. 债务人因和解协议的生效而获得免责的权利。当然这一权利的最终实现是以其全面履行和解协议中规定的义务为对价的。

四、和解协议届满（终止）后的处理

和解协议届满（终止）后的处理分两种情形，一是债务人已经按照和解协议的规定如期足额清偿了债务，债务人破产原因彻底消除，进入正常的生产经营。一是债务人没有按照和解协议的规定清偿债务，不能执行或者不执行和解协议的，人民法院经和解债权人请求，应当裁定终止和解协议的执行，并宣告债务人破产，重新启动破产程序。

五、和解协议的强制执行力

要不要赋予和解协议以强制执行的效力无论是从立法上、还是在学术研究上都存在着分歧。

我国新旧破产法均未明确赋予和解协议强制执行力，但《最高人民法院关于审理企业破产案件若干问题的规定》第 26 条却规定："债务人不按和解协议规定的内容清偿全部债务的，相关债权人可以申请人民法院强制执行。"

和解协议不具有强制执行力符合和解协议的性质和功能，这被大多数学者所认可。但也有学者认为，应当赋予和解协议强制执行力，因为只有这样才符合破产法的发展趋势、符合债权人和债务人的利益。[2]

第八章

---

[1] 在破产债权的计算上，和解期间是否应计算利息是需要进一步明确的问题。如果不计入的话，债务人关于债务延期清偿的利益已经因和解而取得。

[2] 韩长印主编：《破产法学》，中国政法大学出版社 2007 年版，第 193~194 页。

思考题

1. 简述破产和解制度的概念及其法律特征。
2. 论破产和解申请的审查与受理。
3. 和解协议草案应包括哪些基本内容？
4. 简述和解协议草案的表决及其意义。
5. 论和解协议的法律效力。

第八章

第9章
破产重整制度

【学习目的与要求】　破产重整制度是为了避免债务人破产给债务人、债权人、社会带来的消极后果而设计的一种积极程序。通过本章的学习，要深刻领会重整制度的价值，掌握重整的申请与审查、重整申请受理的效力、重整期间、重整计划草案的起草及表决、重整计划的执行及其终止等基本规则，了解我国重整制度立法的发展变革，从比较的角度正确认识和理解我国的重整制度，为正确适用破产重整规范打好基础。

第一节　破产重整制度概述

一、破产重整的概念

破产重整是破产法上的一个特殊程序，在各国立法上称谓各异。美国法称重整，英国法称管理程序，[1] 法国法称司法重整，日本法上的"更生"、"再生"[2] 概念更能准确地反映破产重整制度的立法目的和价值。

在破产重整的定义上，学者的理解和表述各异。有的学者认为，重整是对可能或已经发生破产原因但又有希望的，通过各方利害关系人的协商，并借助法律强制性地调整他们的利益，以挽救企业避免破产、获得更生的制度。[3] 有的学者认为，所谓重整程序，是指不对债务人的财产立即进行清算，而是由债务人和债权人协商出一个整顿计划，规定在一定期限内，债务人按一定的方式

---

〔1〕　参见丁昌业译：《英国破产法》，法律出版社 2003 年版。

〔2〕　日本的破产制度分别立法，其中有关和解制度的立法名为《和议法》，后就破产综合立法改为《民事再生法》，《和议法》废止。有关商事企业破产单独立法，叫《会社更生法》。

〔3〕　王欣新主编：《破产法专题研究》，法律出版社 2002 年版，第 81 页。

全部或部分清偿债务，同时，债务人可以继续经营其业务。[1] 有的学者认为，重整是指对已具破产原因或有破产原因之虞而又有再生希望的债务人实施的旨在挽救其生存的积极程序。[2] 各个观点都从不同侧面反映了破产重整的基本内涵，对我们全面准确把握破产重整制度的概念有很好地帮助。

结合《企业破产法》的规定，我们认为，破产重整是指当债务人出现重整原因时，经债务人、债权人或者债务人的法定少数股东申请，人民法院裁定，由债务人和债权人按照法定程序达成重整计划并实施的一种特别制度。破产重整是为避免债务人破产给债务人、债权人、社会带来的消极后果而设计的一种积极程序。重整原因不完全等同于破产原因。

二、破产重整制度的特点

1. 重整原因是重整程序启动的实质条件。根据《企业破产法》第 2 条之规定，当企业法人不能清偿到期债务，并且资产不足以清偿全部债务或者明显缺乏清偿能力的，或者有明显丧失清偿能力可能的，可以依法进行重整。由此可见，重整原因是破产原因再加上企业法人有明显丧失清偿能力的可能这个条件。重整原因比破产原因要宽松一些，因此，学者们在概括重整原因时大都提出"已具破产原因或有破产原因之虞"的概括。

2. 破产重整的适用范围限于企业法人。破产法适用于企业法人，破产重整作为破产程序的重要组成部分，也同样限于企业法人。这一立法从比较的角度来看，取了一个中间路线。有的国家将重整主体限于股份有限公司，我国台湾地区"公司法"更是将重整对象限于公开发行股票或者公司债券的股份有限公司。但是，像美国法和法国法却将破产重整对象扩大到了合伙和个人。

3. 有权人的申请是重整程序启动的前置条件。当重整原因出现时，破产重整程序的启动必须依赖于债务人、债权人，或者债务人的法定少数股东的申请。法院不会主动裁定进入重整程序。

4. 破产重整程序是一个特殊的强制程序。重整程序的强制性表现在：其一，要不要进入重整程序，依赖于法院的裁定许可；其二，重整计划经债权人会议表决通过后，必须经由人民法院裁定认可，方可生效；其三，重整计划生

---

[1] 潘琪：《美国破产法》，法律出版社 1999 年版，第 188 页。
[2] 李永军：《破产法律制度》，中国法制出版社 2000 年版，第 388 页。

效后，对债务人、债权人、管理人、债务人的股东、董事、监事、高级管理人员均有拘束力。重整计划的通过采用多数决原则，一旦通过，即使反对的债权人也要受该重整计划的约束；其四，重整计划的批准具有强制性，重整计划草案即使未获债权人会议的通过，人民法院也有权依法批准该重整计划；其五，重整计划的执行具有强制性。在重整期间，各方应严格执行重整计划。重整程序的特殊性还体现在，债务人的股东对重整计划中对涉及股权调整的部分同样有发言权，所有股东作为独立组别对重整计划草案中涉及股权调整的部分实施表决。

5. 重整程序使重整参与各方权利受限。重整程序启动后，无论债权人是否自愿，其债权行使受限，即使是有担保的债权，也不能行使优先权[1]。在重整计划执行期间，债务人的出资人不得请求投资收益分配，非经人民法院同意，债务人的董事、监事、高级管理人员不得向第三人转让其持有的债务人的股权[2]。所有权人对所有物的取回权也会受到影响[3]。

6. 重整计划是一个综合整改方案。重整计划不仅涉及债权人债权的延期支付或者减免措施，更主要的是债务人自身的种种旨在恢复运营能力的措施。重整计划的执行就是要实现一揽子解决债务人摆脱破产困境的措施，譬如公司决策、管理、经营机构的重组，合并与分立，股东追加投资，申请减免税等。

7. 重整程序具有优先于其他程序的效力。债务人进入重整程序，有关债务人的一般民事执行程序将会中止，破产和解的申请要延后审查，破产清算程序要等到重整计划执行期间届满，宣告破产后方可适用。

8. 法院始终居于重整程序的主导地位。这是由重整程序作为一种特殊的强制程序所决定的，法院不仅在重整程序中居于主导地位，法院在整个破产程序中都居于主导地位。

第九章

---

〔1〕《企业破产法》第75条规定："在重整期间，对债务人的特定财产享有的担保权暂停行使。但是，担保物有损坏或者价值明显减少的可能，足以危害担保权人权利的，担保权人可以向人民法院请求恢复行使担保权。"

〔2〕《企业破产法》第77条。

〔3〕《企业破产法》第76条规定："债务人合法占有的他人财产，该财产的权利人在重整期间要求取回的，应当符合事先约定的条件。"

三、破产重整制度的立法

世界各国的破产立法中都有有关重整制度的立法，由于各国的法律传统及立法背景不同，形成了不同的关于破产重整制度的立法例。大体包括：

1. 将重整制度规定于公司法中。这一立法模式首创于英国。英国于1929年在其公司法中首创管理人（receiver）制度，被后来学者认为是公司重整制度的开端。此模式后被我国台湾地区立法所接受，于公司法"股份有限公司"一章中特设"重整"一节，构成我国台湾地区的公司破产重整制度。

2. 将重整制度规定于破产法中。此一立法模式首创于美国，并以其为代表。其内容主要体现在破产法典第十一章"重整"及第十二章"有固定年收入的家庭农场主的债务调整"中，特点是申请手续简便，适用范围较广，程序之间的转换较为灵活，被称为当代重整制度的典型代表，对各国立法影响较大。英国现行破产法亦是将重整制度规定于破产法中。德国新修订的破产法，也将重整制度规定于其中。

3. 单独制定重整法。此一立法模式以日本为代表。日本最初仿效英国在其商法典中规定了公司整理制度，但收效甚微。二战后仿效美国破产法中的重整制度单独制定了公司更生法，后曾作了修订，这就是现行的公司更生法。但公司更生法颁行后并未将原公司法中的管理程序废止，而是与之并行发挥作用，这种情形实属罕见。除日本外，加拿大也采取单独立法。

我国将破产重整制度规定在《企业破产法》中。《企业破产法》第八章名为"重整"，分设"重整申请和重整期间"、"重整计划的制定和批准"、"重整计划的执行"三节，共计25条。加上总则第2条第2款关于重整原因的规定，总共占到《企业破产法》条文总数的19%。破产重整制度作为我国破产制度的重要组成部分是显而易见的。

第二节　破产重整申请与受理

一、破产重整的申请

1. 重整申请人。根据《企业破产法》的规定，有权利申请企业法人破产重整的有三类主体：一是债务人。债务人既可以在出现重整原因后，也可以在人民法院受理债权人的破产申请后、宣告债务人破产前提出重整申请。二是债权人。法律对债权人申请的时限没有作出特别规定，在大的方面应当与债务人同。但需要进一步探讨的是，当债权人提出对债务人破产清算申请且被法院受理以后，尚未宣告债务人破产之前，债权人能否再申请债务人重整。立法在此问题上没有阐明。三是出资额占债务人注册资本 1/10 以上的出资人（债务人的法定少数股东）。出资额占债务人注册资本 1/10 以上的出资人可以在人民法院受理债权人的破产申请后、宣告债务人破产前提出重整申请。各类主体重整申请提出的时限虽有差别，但尚未有时效制度之限定。

2. 重整申请的实质条件。其是指重整原因和重整能力。重整原因包括破产原因，再加上债务人有明显丧失清偿能力可能的情形。重整申请的实质条件非常宽松。重整能力是指债务人是否具有挽救的价值、是否具备执行重整计划的能力。如果把重整机会给予一个不具有重整能力的债务人，会导致损失的进一步扩大，侵害债权人的利益。

3. 重整申请的方式以及应提交的文件。重整申请应当采用书面形式，重整申请书应当列明主体以及重整申请的原因，并提供相应的事实证据，申请人有关债务人重整的设想，债务人在提交重整申请的同时可以附上重整计划草案。

4. 向谁申请。重整申请向人民法院提出。管辖权依照破产案件管辖的一般规则确定，由债务人住所地人民法院管辖。

二、破产重整申请的审查

重整程序是一个具有强制性的特殊程序，人民法院一旦裁定进入重整程序，当事各方的权利都将受到限制。因此，人民法院必须对要不要进入重整进行严格的审查。

1. 管辖权审查。无论是破产、还是破产重整都应由债务人住所地人民法院管辖。这是一个强制性规范。

2. 申请人的资格审查。申请人必须符合《企业破产法》的规定，分别是债务人、债权人和债务人 10% 以上的出资人。法律对于提出破产申请的债权人的债权性质及债权额没有明确限定，重整程序作为破产程序的一部分，法律同样没有作明确的限定。这是新的《企业破产法》应受诟病之处。无论是破产清算申请、还是破产重整申请，法律对提出申请的债权人的债权性质及数额作出必要的限制，有利于维护交易的安全。

3. 申请时限的审查。法律对于不同申请人的申请时间有明确的规定，债务人（债权人原则上也是）既可以在重整原因出现后，也可以在破产申请受理后、破产宣告之前提出重整申请。

4. 申请文件是否齐备。对申请文件齐备的审查是形式上的，看申请书及其附件是否具备。

5. 重整原因的审查。重整原因指的是法律规定的可对重整对象开始重整程序的事实状态，它同破产原因或和解原因在法律机理上均属破产程序开始的事实要件，但是它们也有较多区别，主要在于破产原因或和解原因可成为重整原因，但重整原因相比较而言要宽松得多。《企业破产法》对于重整原因的规定是比较宽松的，对于不同申请人在不同阶段的申请，人民法院审查的侧重点应当有所区分。对于已经受理破产申请后的重整申请，审查的重点应落脚在重整能力上。

6. 重整能力的审查。进入重整以后，债务人要通过执行重整计划获得重生，债权人也因重整成功而获益，这一切都取决于债务人是否具有挽救的价值、是否具备执行重整计划的能力。重整能力的审查是法院审查工作的重心，是决定是否实施重整的关键因素。不能认为凡是具备破产、和解能力的债务人，就一定同时具备重整能力。也不能笼统地认为所有的企业法人都具有重整能力。

人民法院经审查认为重整申请符合《企业破产法》规定的，应当裁定债务人重整，并予以公告。

三、破产重整受理的法律效力

人民法院裁定受理重整申请后，进入重整期间。重整期间从人民法院受理重整申请起，重整计划草案被债权人会议通过且经人民法院裁定批准或者不被债权人会议通过时止。人民法院受理重整申请的裁定会产生下列效力：

1. 对债务人。在这一特殊期间内，当事各方的权利会受到不同程度的限制。债务人的正常经营停止，公司股东会、董事会及监事会的职权随即停止。公司的破产、和解、强制执行及其他涉及公司财产的诉讼程序中止。

在重整期间，经债务人申请，人民法院批准，债务人可以在管理人的监督下自行管理财产和营业事务，法律赋予管理人的职权由债务人行使。在有的国家，重整裁定送达公司后，公司的业务经营及财产的管理处分权即转属于重整人，由重整监督人监督，并申报法院。

债务人应当积极配合重整程序，提供有关财务资料、财产状况、债权人明细等。债务人应当为重整计划的制定而工作。

在重整期间，债务人或者管理人为继续营业而借款的，可以为该借款设定担保。

2．对管理人。在重整期间，经人民法院批准，由债务人自行管理财产和营业事务的，已接管债务人财产和营业事务的管理人应当向债务人移交财产和营业事务。

管理人负责管理财产和营业事务的，可以聘任债务人的经营管理人员负责营业事务。

3．对债权人。债权人应当积极通过债权人会议表达意见，行使权利。债权的实现必须一律通过重整程序受偿，而不得为个别清偿和接受清偿。日本法规定，公司重整裁定后，记名股东的权利依股东名簿记载，无记名股东必须在法院公告所规定的期限内申报其权利，否则不得依重整程序行使权利。

在重整期间，对债务人的特定财产享有的担保权暂停行使。但是，担保物有损坏或者价值明显减少的可能，足以危害担保权人权利的，担保权人可以向人民法院请求恢复行使担保权。

4．对债务人的出资人。在重整期间，债务人的出资人不得请求投资收益分配。债务人的出资人可以通过出资人组别对重整计划涉及自身权益调整的部分提出意见，进行表决。

5．对债务人的董事、监事、高级管理人员。在重整期间，非经人民法院同意，债务人的董事、监事、高级管理人员不得向第三人转让其持有的债务人的股权。

6．对债务人合法占有的财产的所有权人。债务人合法占有的他人财产，该财产的权利人在重整期间要求取回的，应当符合事先约定的条件，否则其取回权受限。

四、破产重整期间

自人民法院裁定债务人重整之日起至重整程序终止，为重整期间。重整期间的中心工作是重整计划草案的制定、通过和裁定批准。

债务人或者管理人应当自人民法院裁定债务人重整之日起 6 个月内，同时向人民法院和债权人会议提交重整计划草案。6 个月期限届满，经债务人或者管理人请求，有正当理由的，人民法院可以裁定延期 3 个月。这是有关重整期间的规定。

重整期间的正常届至有两种情形，一种是破产重整计划经债权人会议表决后，人民法院经审查，符合法律规定，裁定批准并予以公告，重整程序终止，重整计划开始执行。这是理想的一种状态。一种是债务人或者管理人未按期提出重整计划草案的，破产重整计划在法定期间内未经债权人会议通过，或者虽经债权人会议通过，但未获人民法院裁定批准，重整程序终止。在此情况下，人民法院应当裁定终止重整程序，并宣告债务人破产。

在重整期间，债务人有下列行为的，经管理人或者利害关系人请求，人民法院应当裁定终止重整程序，并宣告债务人破产。这是非正常终止的情形。这些情形包括：①债务人的经营状况和财产状况继续恶化，缺乏挽救的可能性；②债务人有欺诈、恶意减少债务人财产或者其他显著不利于债权人的行为；③由于债务人的行为致使管理人无法执行职务。

第三节　重整计划

一、重整计划的起草

（一）重整计划的概念和法律特征

重整计划是指由债务人或者管理人依法制订的，由债权人会议表决通过，并经法院裁定认可，目的在于维持债务人的营业、清理债务、谋求债务人再生的法律文件。

重整计划具有下列法律特征：

1. 重整计划是一个一揽子解决方案，涉及重整法律关系的方方面面，既有债务人与债权人之间的债的关系，也有出资人与债务人的投资关系，还有劳动关系、税收关系、一些由破产法特别调整的物权关系（譬如对取回权人的限制、担保物权人权利的限制）、重整中的追加投资关系、企业合并关系等。

2. 重整计划是一个涉及多方法律主体的法律行为，有的学者将其称为协议，具有一定的道理。重整计划是一个要式合同，以法院的裁定批准作为生效的要件。

第九章

3. 重整计划是重整各方重整行为的基本准则，违反重整计划不仅会带来民事上违约之后果，还会带来破产法规定的其他后果。

4. 重整计划以债务人的复兴为目标，在此基础上努力维护和实现其他利害关系人的权益，特别是债权人的债权。

（二）重整计划草案的起草人

根据《企业破产法》的规定，重整计划的起草人包括债务人和管理人两类。债务人自行管理财产和营业事务的，由债务人制作重整计划草案。管理人负责管理财产和营业事务的，由管理人制作重整计划草案。

为全面体现利益相关各方的意志，提高重整计划草案的通过率，重整计划在起草过程中应当充分征询各方意见，让各方都有机会参与到重整计划的制订中来。

（三）重整计划草案的起草时限

债务人或者管理人应当自人民法院裁定债务人重整之日起 6 个月内，同时向人民法院和债权人会议提交重整计划草案。6 个月期限届满，重整计划草案尚未起草完成，经债务人或者管理人请求，有正当理由的，人民法院可以裁定延期 3 个月。

债务人或者管理人未按期提出重整计划草案的，未申请延期，或者延期后仍未提出重整计划草案的，人民法院应当裁定终止重整程序，并宣告债务人破产。

（四）重整计划草案的基本内容

重整计划草案主要应涉及两方面的内容，一是债务人重整的措施；二是债权的清偿方案。重整措施是重整计划的关键部分。根据《企业破产法》的规定，重整计划草案应当包括下列内容：债务人的经营方案；债权分类；债权调整方案；债权受偿方案；重整计划的执行期限；重整计划执行的监督期限；有利于债务人重整的其他方案。

二、重整计划的通过

重整计划草案主要是由债权人会议表决通过，债权人会议对重整计划草案分组进行表决。债务人的出资人代表可以列席讨论重整计划草案的债权人会议。重整计划草案涉及出资人权益调整事项的，应当设出资人组，对该特定事项进行表决。

第九章

（一）表决组的划分

债权人会议的组别划分是以债权性质为标准的，债权的性质不同，地位与清偿顺序会有差别。依照《企业破产法》的规定，一般分为四组：

第一组是对债务人的特定财产享有担保权的债权人。这类债权人享有优先权，但由于重整程序，其权利的行使受限。

第二组是职工债权人。债务人所欠职工的工资和医疗、伤残补助、抚恤费用，所欠的应当划入职工个人账户的基本养老保险、基本医疗保险费用，以及法律、行政法规规定应当支付给职工的补偿金这一类债权的债权人都是职工。职工债权人在我国具有非常特殊的地位，特别是在劳动保障制度不健全的情况下，劳动监察工作及对劳动者的保护力度不够，使得有的企业在这一方面有长期大量的拖欠，所有的问题都积到了破产程序中来解决。

第三组是税收债权人。其是指债务人所欠税款。

第四组是普通债权人。普通债权人的债权性质虽然相同，但数额上可能存在着较大差异，人民法院在必要时可以决定在普通债权组中设小额债权组对重整计划草案进行表决。小额债权组是从普通债权组分离出来的一个特殊组别。

另外还有一个出资人组。当重整计划草案涉及出资人权益调整事项的，人民法院应当另设出资人组，对该特定事项进行表决。

（二）表决的时限和方法

人民法院应当自收到重整计划草案之日起 30 日内召开债权人会议，对重整计划草案进行表决。重整计划草案实行分组表决，各表决组均通过重整计划草案时，重整计划即为通过。债务人或者管理人应当向债权人会议就重整计划草案作出说明，并回答询问。

（三）表决权及其限制

债权人表决权的计算采用的是双重标准，一是债权额，其所持有的同性质的债权额与其在相应组别中的表决权相同；二是债权人的人数，每一个债权与同一组别的其他债权人在地位上平等，每人享有基于主体地位所拥有的一个表决权。对重整计划草案的表决实行双通过原则，出席会议的每一表决组的债权人所代表的债权额过法定比例通过，并且每组债权人总数的法定比例通过，即为该组通过重整计划草案。

根据《企业破产法》第 83 条之规定，债务人所欠的应当划入职工个人账户的基本养老保险、基本医疗保险费用以外的社会保险费用的债权人不参加重整

第九章

计划草案的表决，也就是说不享有表决权。因为根据法律的规定，社会保险费用的征缴主体是各级政府劳动保障行政部门，确切来讲债权人应当是政府劳动保障行政部门。因此，债务人的这部分债务与所欠税款在性质上并无差别，但却不得减免。不赋予表决权对这部分权利不构成不利影响。

（四）表决的通过与未通过

根据《企业破产法》的规定，重整计划草案必须经所有表决组通过，部分表决组未通过重整计划草案的，债务人或者管理人可以同未通过重整计划草案的表决组协商。该表决组可以在协商后再表决一次。双方协商的结果不得损害其他表决组的利益。每组对重整计划草案的表决实行双通过原则，即出席会议的债权人所代表的债权额过该组债权总额的 2/3 以上通过，并且该组债权人过半数同意重整计划草案的，即为该组通过重整计划草案。

如果设有出资人组的，出资人组也应当同时依法表决通过重整计划草案，重整计划草案才能通过。法律对出资人组的表决规则没有作明确规定，因所涉事项为法人重大事项，可以参照债权人各组表决规则处理，实行双通过原则。

（五）表决通过与未通过的意义

各表决组对重整计划的表决通过并不是重整计划的生效要件，仅是人民法院裁定批准重整计划的前置条件。但问题在于，如果重整计划草案符合法律规定的基本条件，即使未获表决组的通过，人民法院同样有权应债务人或者管理人的请求，强制裁定批准重整计划，这是重整程序强制性的重要表现。

根据《企业破产法》的规定，未通过重整计划草案的表决组拒绝再次表决或者再次表决仍未通过重整计划草案，但重整计划草案符合下列条件的，债务人或者管理人可以申请人民法院批准重整计划草案：

1. 按照重整计划草案，对债务人的特定财产享有担保权的债权人就该特定财产将获得全额清偿，其因延期清偿所受的损失将得到公平补偿，并且其担保权未受到实质性损害，或者该表决组已经通过重整计划草案。

2. 按照重整计划草案，职工债权和债务人所欠税款将获得全额清偿，或者相应表决组已经通过重整计划草案。

3. 按照重整计划草案，普通债权所获得的清偿比例，不低于其在重整计划草案被提请批准时依照破产清算程序所能获得的清偿比例，或者该表决组已经通过重整计划草案。

4. 重整计划草案对出资人权益的调整公平、公正，或者出资人组已经通过

第九章

重整计划草案。

5. 重整计划草案公平对待同一表决组的成员，并且所规定的债权清偿顺序与法定的破产清算顺序相同。

6. 债务人的经营方案具有可行性。

人民法院经审查认为重整计划草案符合前款规定的，应当自收到申请之日起 30 日内裁定批准，终止重整程序，并予以公告。

三、重整计划的批准与不批准

自各表决组通过重整计划之日起 10 日内，债务人或者管理人应当向人民法院提出批准重整计划的申请。人民法院经审查认为符合《企业破产法》规定的，应当自收到申请之日起 30 日内裁定批准，终止重整程序，并予以公告。

经人民法院裁定批准的重整计划，对债务人和全体债权人均有约束力。债权人未依照《企业破产法》规定申报债权的，在重整计划执行期间不得行使权利；在重整计划执行完毕后，可以按照重整计划规定的同类债权的清偿条件行使权利。债权人对债务人的保证人和其他连带债务人所享有的权利，不受重整计划的影响。

重整计划草案未获得各表决组通过，并且不符合法定条件且未经人民法院强制特别批准的，或者已通过的重整计划未获得批准的，人民法院应当裁定终止重整程序，并宣告债务人破产，正式进入破产清算程序。

四、重整计划的执行

（一）执行人

重整计划既可以由债务人执行，也可以由管理人执行。根据《企业破产法》第 89 条之规定，重整计划由债务人负责执行。人民法院裁定批准重整计划后，已接管财产和营业事务的管理人应当向债务人移交财产和营业事务。

（二）执行期间

重整计划的执行期间是由重整计划所规定的重整计划实施期间，债务人应当在执行期间忠实执行重整计划。

债权人未依照《企业破产法》规定申报债权的，在重整计划执行期间不得行使权利；在重整计划执行完毕后，可以按照重整计划规定的同类债权的清偿条件行使权利。债权人对债务人的保证人和其他连带债务人所享有的权利，不受重整计划的影响。

（三）重整计划的执行监督

重整计划的监督期是由重整计划所规定的，它与重整计划的执行期间不是一个概念。在重整计划监督期内，由管理人监督重整计划的执行，债务人应当向管理人报告重整计划执行情况和债务人财务状况。

重整计划所规定的监督期届满时，管理人应当向人民法院提交监督报告。自监督报告提交之日起，管理人的监督职责终止。管理人如果认为必要，可以向人民法院申请裁定延长重整计划执行的监督期限。

管理人向人民法院提交的监督报告，重整计划的利害关系人有权查阅。

（四）重整计划执行的终止

重整计划执行的终止分为两种类型，一是正常终止，是指重整计划执行人（债务人）在重整期间忠实地执行了重整计划，重整计划所设定的目的均已实现，重整计划终止，债务人恢复正常生产经营。按照重整计划减免的债务，自重整计划执行完毕时起，债务人不再承担清偿责任。二是非正常终止，包括重整计划执行期间届满重整计划规定的目的没有达到、债务人不能执行重整计划或者不执行重整计划等情形。当出现非常终止的情形时，人民法院经管理人或者利害关系人请求，应当裁定终止重整计划的执行，并宣告债务人破产。

人民法院裁定终止重整计划执行的，债权人在重整计划中作出的债权调整的承诺失去效力。债权人因执行重整计划所受的清偿仍然有效，债权未受清偿的部分作为破产债权。已经部分受偿的债权人，只有在其他同顺位债权人同自己所受的清偿达到同一比例时，才能继续接受分配。为担保重整计划的执行，为重整计划的执行提供的担保继续有效，担保人因重整计划被违反而承担担保责任。

思考题

1. 简述破产重整制度的概念及其价值。
2. 破产重整制度有哪些基本特点？
3. 简述破产重整申请受理的效力。
4. 简述破产重整计划草案及其表决。
5. 简述破产重整计划的执行。

第 *10* 章
破产宣告

【学习目的与要求】 破产宣告标志着破产清算程序正式启动，它是整个破产法律制度的核心，没有破产宣告，就不能实现破产债权的清偿与分配。通过本章的学习，了解破产宣告的实质含义，理解破产宣告程序启动的直接原因，同时理解破产宣告的法律效力。

第一节 破产宣告概述

一、破产宣告的概念

关于破产宣告的概念，专家学者有不同的表述：① "破产宣告，是指法院根据破产申请权人的请求或法院依据自己的职权，确认债务人确已存在无法消除的破产原因，决定对债务人开始破产清算的活动。"[1] ② "破产宣告，是指法院依法定程序对于已经具备破产宣告原因的债务人所作出的宣告其破产并进行破产清算的司法裁定。"[2] ③ "破产宣告是指法院依据当事人的申请或法定职权裁定宣布债务人破产以清偿债务的活动。"[3]

破产宣告标志着破产清算程序的正式开始，它与破产受埋既有联系又有区别，破产受理并不必然导致破产宣告，而破产宣告则必须以破产受理为前提条件。本书认为，破产宣告是指在法院主持下依据破产申请人的申请，启动对债务人开始清算的破产程序。根据这一概念的表述可以看出，破产宣告具有以下

---

[1] 徐德敏、梁增昌：《企业破产法论》，陕西人民出版社1990年版，第191页。
[2] 齐树洁主编：《破产法》，厦门大学出版社2007年版，第169页。
[3] 王欣新主编：《破产法》，中国人民大学出版社2008年版，第386页。

法律属性:

（一）破产宣告的职能由法院行使

法院依据法定职权进行破产宣告是各国破产法通行做法。破产作为一种诉讼，尽管与一般的民事诉讼有着本质的区别，但也具备诉讼的共性，作为诉讼只能由法院来主持，如果债务人确实存在有不可逆转的破产原因，法院应依据职权宣告其破产，开展清算活动。我国新的《企业破产法》第107条规定:"人民法院依照本法规定宣告债务人破产的，应当自裁定作出之日起5日内送达债务人和管理人，自裁定作出之日起10日内通知已知债务人，并予以公告。"

（二）破产宣告的前提必须是债务人确已存在无法消除的破产原因

破产原因是宣告债务人破产的主要事实依据和法定事由，不存在破产原因就不得宣告其破产。我国《企业破产法》第2条第1款规定的破产原因是"企业法人不能清偿到期债务，并且资产不足以清偿全部债务或者明显缺乏清偿能力"。在此有必要说明，债务人虽然出现了破产原因，但并不是在任何情况下都必然要进行破产宣告。破产原因虽然是破产宣告的必要条件，但并不是破产宣告的充分条件。根据各国破产法的相关规定，现代意义上的破产法的主要功能表现为两个方面:一是破产清算，二是预防破产。目前，世界各国破产法在立法中都建立了重整制度和和解制度，当重整取得成功、和解协议达成一致时，债务人破产的厄运可以避免。因此，破产宣告依据的破产原因具有不可逆转性，排除了其他或然性。至此，法院依据职权依法进行破产宣告，破产清算程序正式启动。

（三）破产宣告导致破产程序正式开始

破产宣告前的破产程序，在法律上虽然也对债务人有一定约束，但债务人的权利能力和行为能力是完全的。而一旦破产宣告，就使债务人沦为破产人。破产人的财产、行为，甚至人身都要受到多种法律限制。与此同时，破产宣告还会引起其他一些法律后果。因此，破产宣告具有重要的法律意义。

二、破产宣告的意义

破产宣告标志着破产清算程序进入实质性阶段。企业一经宣告破产，该企业的权利能力和行为能力均受到极大的限制，企业丧失了对财产的管理权和处分权，破产管理人全面接管该企业。因此，破产宣告是整个破产程序中最重要的阶段和环节。没有破产宣告，也就没有实质上的破产程序的开始。破产宣告对债务人、债权人和其他利害关系人均产生重大影响，其主要表现是:

（一）破产宣告后确定了债务人、债权人和其他利害关系人的法律地位

债务人被宣告破产后，债务人称为破产人、债务人财产被称为破产财产，人民法院受理破产申请时对债务人享有的债权称为破产债权。在破产宣告后，尽管破产人的法人主体资格此时此刻没有最终被消灭，但是，破产人的权利能力和行为能力却受到严格的限制。丧失了对自己财产的经营管理权，由管理人全面接管企业，管理人可依法对破产人的破产财产进行扣押、占有和处分。破产宣告后，无财产担保的债权人依法享有破产清算分配的权利，有财产担保的债权人依法享有别除权。其他利害关系人从此以后只能以管理人为相对人，重新调整原有的法律关系，依法按照破产程序进行。

（二）破产宣告后重新确定债权

破产受理至破产宣告在司法实践中必然存在一个时间段，在此期间，债务人可能与债权人达成和解协议，也有可能进行重整，如此一来，就有两种可能存在：一是原来的债务或部分清偿或全部清偿。二是在进行重整期间可能形成新的债权债务关系，出现新的债权人。债权人应根据债权的性质，依法主动进行申报，并提交债权发生的证明材料，以利于破产清算程序的顺利进行。

（三）破产宣告后管理人的权利得以实现

依据我国《企业破产法》第 25 条的规定，法律赋予了管理人相应的职权。而这些职权只有在破产宣告后才有可能得以实现。管理人对破产人的财产依法进行破产清算程序，处分破产人的财产，以满足债权人的分配请求权，使破产清算分配程序得以顺利进行。

（四）破产宣告后破产人的相关人员应承担相应义务

从实践出发，为了破产清算程序的顺利进行，破产人的法定代表人、财会负责人及破产人的高管人员在破产宣告后，其人身自由、通讯自由和迁徙自由应受一定的限制，其目的在于随时随地接受法院的传唤，提供相关资料，说明有关情况。并接受管理人或债权人会议的质询，回答相关问题。

三、破产宣告的种类

破产宣告依据不同的标准，可进行不同的分类：

（一）根据破产宣告是否依据破产预防程序，破产宣告可分为直接破产宣告和间接破产宣告

直接破产宣告是指债务人没有经过破产预防程序，直接由法院宣告其破产。

没有经过破产预防程序是指既没有和解协议的达成，又没有实施重整制度。法院在受理破产案件之后，经过形式审查和实质审查，依据职权依法对债务人进行破产宣告，实施破产清算。间接破产宣告是指债务人经过破产预防程序，而没有达到破产预防的目的，破产原因仍然存在，而由法院进行的破产宣告。区分直接破产宣告和间接破产宣告的法律意义在于把握两种破产宣告的不同特点以及所要求的不同的宣告程序。

（二）依据破产申请主体的不同，破产宣告可分为主动破产宣告和被动破产宣告

主动破产宣告是指债务人自愿申请破产，法院依据其破产申请而进行的破产宣告。被动破产宣告是指法院根据债权人的破产申请而进行的破产宣告。在主动破产宣告程序中，债务人应主动提交企业的资产状况和债权债务状况的说明书及资产负债表等相关资料，并说明不能清偿到期债务的原因。对此，法院经审查，确认债务人存在破产原因时应及时宣告该债务人破产。在这种情况下，有可能出现破产申请受理的公告与破产宣告公告同时发布。而在被动破产宣告程序中，一般情况下，破产宣告必须受到债权人会议召开时间的限制。在司法实践中，当债权人向法院提出破产申请时，法院立案之后，有可能出现债务人向债权人会议提出和解的意思表示或者要求进行重整，那么，法院只能等待和解协议未达成或者重整失败时才能进行破产宣告。因此，被动破产宣告一般情况下必须在第一次债权人会议召开后进行，而且要求和解或者进行重整是法律赋予债务人的一项重要权利，任何单位和个人不能予以剥夺，当然，债务人的这种权利既可以行使也可以放弃，如果债务人行使这种权利，在客观上，破产受理至破产宣告势必存在一个时间段，因而，被动宣告破产在时间上往往比主动宣告破产滞后。

四、破产宣告的障碍

破产宣告的障碍是指阻却法院宣告债务人破产清算的法定事由。法院依法进行破产宣告是因为债务人出现破产原因而做出的一种司法裁定行为。但是，当破产原因消除之后，法院就不得进行破产宣告，且应该裁定终结破产程序并予以公告。我国《企业破产法》第108条的规定："破产宣告前，有下列情形之一的，人民法院应当裁定终结破产程序，并予以公告：①第三人为债务人提供足额担保或者为债务人清偿全部到期债务的；②债务人已清偿全部到期债务

的。"由此可见，我国法律规定破产宣告的障碍包括两种情形：其一，债务人出现破产原因后，第三人为债务人提供足额担保或者为债务人清偿全部到期债务，此时表明破产原因已被消除，法院应终结破产程序。其二，在债务人被申请破产后，经过债务人的种种努力，恢复了清偿能力，对到期的债务全部予以清偿。对此，法院也不得进行破产宣告。

应当明确的是，我国《企业破产法》第108条规定的情形只能发生在破产宣告之前，才构成破产宣告障碍，并引起破产程序的终结，这是由于破产程序具有不可逆转性所决定的。

第二节　破产宣告的程序

一、破产宣告的裁定

法院经审查确认债务人存在破产原因，应及时宣告债务人破产。破产宣告必须以裁定的形式进行并予以公告。我国《企业破产法》第107条规定："人民法院依照本法规定宣告债务人破产的，应当自裁定作出之日起5日内送达债务人和管理人，自裁定作出之日起10日内通知已知债权人，并予以公告。"这一规定有三层涵义：

（一）制作裁定书

虽然我国《企业破产法》没有明文规定破产宣告裁定书的内容，但根据司法实践，裁定书应包括以下主要内容：

（1）破产债务人的基本情况，其中包括企业的名称、企业的住所、法定代表人等。

（2）企业破产的原因。

（3）破产宣告的法律依据。

（4）破产宣告应进行的有关事项，如重新申报债权等。

（5）破产宣告裁定的日期和破产宣告法院的印鉴。

（二）裁定书的送达和通知

法院依法宣告破产后，应在法定的时间内送达给债务人和管理人，我国规定的法定时间为自裁定作出之日起5日内，必须送达。对已知的债权人，在法定的时间内通知债权人，我国规定的法定时间为自作出裁定之日起10日内，必须进行通知。

（三）破产宣告的公告

法院裁定破产宣告后，应同时发布公告，公告的内容主要如下：

（1）破产宣告裁定书的主文和宣告企业破产的日期。

（2）破产企业亏损的状况，资产负债的状况等。

（3）宣告企业破产的事实理由和法律依据。

（4）破产管理人办公地点。

（5）重新申报债权的期限。

（6）破产人的债务人或破产财产的持有人清偿债务或交还财产的期限、地点和其他应注意的事项。

（7）别除权人、抵销权人、取回权人权利行使的时间和应注意事项。

（8）破产宣告的法院。

法院裁定破产宣告的公告必须以公开的形式向外公布，为公众所知悉。

二、破产宣告程序的启动

破产案件受理之后，经形式审查和实质审查，当债务人出现破产原因，法院应该依法宣告该企业破产。在司法实践当中，破产宣告程序的启动一般有以下几种情形：

（一）直接破产宣告程序

我国《企业破产法》第2条规定："企业法人不能清偿到期债务，并且资产不足以清偿全部债务或者明显缺乏清偿能力的，依照本法规定清理债务。"债务人出现破产原因时，法院依职权进行破产宣告。直接破产宣告程序又分为主动破产宣告程序和被动破产宣告程序两种形式。

在实践中，如果启动主动破产宣告程序，法院应审查债务人是否有欺诈行为。有鉴于此，法院在破产宣告前或者破产宣告后应及时采取保全措施，防止债务人侵害债权人利益的行为发生，保证破产清偿的充分与公平。

在启动被动宣告破产程序时，应从以下几个方面考虑：①债务人是否提出和解和重整的申请，如未提出，法院即可进行破产宣告；②债务人虽然提出和解和重整申请，但债权人和债务人未达成和解协议或者重整程序未予启动，法院也应及时宣告破产；③债权人和债务人虽然达成协议但不为法院认可，即该协议严重违法或者对债务人或债权人存在显著不利，显失公平；或者该协议严重侵害国家利益或社会公共利益。对此，法院依法裁定宣告破产；④重整计划未获得债权人通过或者已通过的重整计划未获得批准的，人民法院应当裁定终止重整程序并宣告债务人破产。

（二）间接破产宣告程序

启动间接破产宣告程序的情形主要有以下两种情况：

1. 重整期间的破产宣告。重整期间的破产宣告有两种情形：

（1）我国《企业破产法》第78条规定："在重整期间，有下列情形之一的，经管理人或者利害关系人请求，人民法院应当裁定终止重整程序，并宣告债务人破产：①债务人的经营状况和财产状况继续恶化，缺乏挽救的可能性；②债务人有欺诈、恶意减少债务人财产或者其他显著不利于债权人的行为；③由于债务人的行为致使管理人无法执行职务。"如果债务人在重整期间出现以上规定的任何一项情形的，法院应及时裁定终止重整程序并宣告债务人破产，避免债权人的合法权益因此而受到重大损失。

（2）我国《企业破产法》第79条规定："债务人或者管理人应当自人民法院裁定债务人重整之日起6个月内，同时向人民法院和债权人会议提交重整计划草案。前款规定的期限届满，经债务人或者管理人请求，有正当理由的，人民法院可以裁定延期3个月。债务人或者管理人未按期提出重整计划草案的，人民法院应当裁定终止重整程序，并宣告债务人破产。"根据上述规定，债务人或者管理人应在法定的时间内，向法院或者债权人会议提交重整计划草案，当期限届满后，如果有正当的理由，经债务人或管理人请求，法院可以裁定延期。债务人或者管理人在此期间仍未提交重整计划草案的，法院应裁定终止重整程序，对债务人依法进行宣告破产，进行破产清算程序。

2. 和解期间的破产宣告。在债权人和债务人达成和解协议期间，如果债务人有如下情形之一的，法院应当依法宣告债务人破产。

（1）我国《企业破产法》第99条规定："和解协议草案经债权人会议表决未获得通过，或者已经债权人会议通过的和解程序未获得人民法院认可的，人民法院应当裁定终止和解程序，并宣告债务人破产。"根据上述规定，未达成和解协议或者和解协议未获得法院认可的，应当终止和解程序，宣告债务人破产。

（2）我国《企业破产法》第103条第1款规定："因债务人的欺诈或者其他违法行为而成立的和解协议，人民法院应当裁定无效，并宣告债务人破产。"根据上述规定，债务人违背诚信原则有欺诈的主观动机或者其他违法行为，法院应及时裁定该和解协议无效，宣告债务人破产。

（3）我国《破产法》第104条第1款规定："债务人不能执行或者不执行和解协议的，人民法院经和解债权人请求，应当裁定终止和解协议的执行，并宣告债务人破产。"根据上述规定，虽然债权人和债务人达成和解协议，但该协议的内容无法实现，或者债务人主观故意拒不执行。经债权人请求，人民法院应当裁定终止和解协议的执行，裁定债务人破产。

第三节　破产宣告的效力

破产宣告的效力是指法院作出的破产宣告裁定对破产法律关系的主体、客体、内容所产生的法律后果和法律约束力。破产宣告的效力具体表现在以下几个方面：

一、对人的效力

破产宣告对人的效力在破产法律关系当中，具体表现为对债务人的效力、债权人的效力和利害关系人的效力。

（一）对债务人的效力

破产宣告标志着破产清算程序的正式开始，破产宣告的直接法律后果集中体现在对债务人的约束力及法律后果上，这种法律后果表现为：

1. 对债务人身份的效力。破产宣告后，债务人称为破产人，这不仅仅是一个称谓的变化，而且包含有实质性的内容。破产受理至破产宣告这段时间内，在司法实践当中，客观上可能出现破产预防程序，当破产预防程序启动之后，且实现了破产预防预期的目的，那么破产程序应当终止，债务人又回转到破产受理之前。只有当债务人在法院受理破产案件之后，债务人的破产原因没有消除，在这种情形下，法院才能对债务人作出破产宣告的裁定。从此，破产程序进入破产清算分配程序。由此看来，破产宣告在整个破产程序当中，具有举足轻重的作用。如果没有破产宣告程序的启动，就不可能出现破产清算分配的事实。

2. 对债务人行为的效力。破产宣告后，债务人的法定代表人、财会负责人和高级管理人员的行为受到极大的限制。在司法实践当中，这些人员的通讯、迁徙受到极大的限制，需随时接受法院的传唤，接受管理人或者债权人会议的质询，相关人员有义务如实回答相关的问题。

（二）对债权人的效力

债务人被宣告破产后，对债务人享有的债权称为破产债权，破产债权的享有人称为破产债权人。在破产债权人当中，依据破产债权的性质可分为普通债权人和享有优先受偿权的债权人，只有在破产宣告之后，享有优先受偿权的债权人才能行使自己的权利。普通债权人只能依据破产清算分配的法定顺序，去实现自己的权利，普通债权人不得主张提前或者个别受偿，否则，经管理人请求人民法院依法行使撤销权。享有普通债权的债权人，如果和破产人互为债权人和债务人，那么享有普通债权的债权人依法享有抵销权。在行使抵销权之后，如果尚有部分债权未受清偿，可就该部分债权按照破产清算顺序去实现自己的债权，参与破产清算分配。

（三）对利害关系人的效力

破产宣告不仅对债务人和债权人产生一定的法律效力，而且对破产中的利害关系人也产生一定的法律效力。具体表现在以下几个方面：

1. 对债务人的出资人的效力。破产案件受理后，债务人的出资人尚未完全履行出资义务的，管理人应当要求该出资人缴纳所认缴的出资。在破产宣告之前，如果债务人的出资人仍然没有缴纳所认缴的出资，那么，在破产宣告之后，法院应采取强制执行措施，将债务人的出资人所应缴纳的出资，列为破产财产，供破产债权人清偿分配。

2. 对债务人的保证人或者其他连带债务人的效力。在破产宣告之后，对原来已经申报的债权和尚未申报的债权要重新审查登记。在此期间，债务人的保证人和其他连带债务人，如果已经代替债务人清偿债务的，那么，保证人或者其他连带债务人可以向管理人申报对债务人的求偿权；对债务人的债务尚未代替债务人清偿债务的，债务人或者其他连带债务人可以对债务人的将来求偿权申报债权。但是，债权人已经向管理人申报全部债权的除外。

3. 对债务人（破产人）的债务人的效力。破产宣告后，债务人的债务人应当向债务人（破产人）清偿债务，就债务人的债务人向债务人（破产人）清偿债务，所得到的财产列为破产财产，供债权人受偿。

4. 对债务人财产持有人的效力。在破产宣告之前，债务人的财产由他人占有，在破产宣告之后，债务人财产持有人应该依法向管理人交付财产，将该财产列为破产债权供债权人受偿。

二、对财产的效力

在破产受理之后，根据我国《企业破产法》的相关规定，由人民法院指定管理人。管理人全面接管债务人的财产，依法享有保管、清理、处分的权利。但是，只有在破产宣告之后，债务人的财产被称为破产财产之时，管理人才能切实的行使破产财产的处分权，根据破产清算分配方案，依法对破产人的财产进行清算，最大限度地满足债权人的利益。

三、域外效力

关于破产宣告的域外效力，国际上有普及主义、属地主义和承认主义三种。

破产普及主义是指一国破产宣告对破产人的所有财产，无论它们位于国内还是国外，均产生一定的法律效力。但是，这种理论仅仅是一种理想的设计，实践中很难实现。

属地主义是指一国的破产宣告只对本国境内的财产具有一定的法律效力。这种理论过分强调国家主权，不利于国际经济协作和交流。

承认主义是指一国的破产宣告，根据国际条约、双边条约或对等原则相互承认，对破产宣告的企业财产在境外具有一定的法律约束力。目前国际上大多数国家采用承认主义。

我国《企业破产法》第5条规定，破产宣告对债务人在中华人民共和国领域外的财产发生效力。根据这一规定，我国采用的是承认主义的立法原则。

思考题

1. 如何正确理解破产宣告的含义及法律特征？
2. 如何正确理解破产宣告在破产程序中的核心地位？
3. 简述破产宣告与破产受理存在哪些实质上的区别。
4. 什么是破产宣告的效力？其包括哪些基本内容？
5. 简述直接宣告和间接宣告二者之间的区别。

第11章
破产程序中的优先权

【学习目的与要求】　本章主要阐述破产程序中的优先权。应掌握别除权的概念与特征，别除权的具体类型，了解别除权的排除适用、限制与行使。掌握取回权的概念、特征及种类，了解取回权的范围及行使。掌握破产抵销权的概念与特征，了解破产抵销权的行使及其与破产案件中其他权利的竞合。

第一节　别　除　权

一、别除权的概念与特征

（一）概念

别除权是指有财产担保的债权人在债务人被宣告破产后，就破产人已设定担保的特定财产，依破产程序而单独优先受偿的权利。别除权是德国、日本等大陆法系国家破产法中的一项制度。英美法系国家如美国等破产法没有规定别除权制度，而是直接规定享有抵押等担保物权的债权人可以优先于大多数普通债权人在破产程序中优先受偿，其实和别除权人行使别除权的效果基本相同。我国《企业破产法》第109条规定："对破产人的特定财产享有担保权的权利人，对该特定财产享有优先受偿的权利。"由此可见，我国法律并没有明确使用"别除权"概念，但该条内容实际上规定的是别除权。

（二）特征

1. 别除权是以担保物权为基础的权利。别除权并不是破产法创设的实体权利，而是民法中担保物权在破产法中的实现。因此，享有别除权的债权人应该是在破产案件受理时已经合法取得担保权的债权人。此处的担保权仅限于担保物权而不包括人的担保。与一般担保债权不同，别除权的成立有两个较为严格的条件：一是担保物权的成立本身是合法的，已经履行了法律要求的成立要件。二是在破产宣告前的一定时期内，债权人不能变更债权性质或作有害于普通债权人的其他行为。

2. 别除权是以实现债权为目的的权利。别除权是民法中担保物权在破产法中的体现，因此，别除权从属于被担保债权，以保障债权实现为目的。别除权的从属性体现在两方面：一是在破产程序中，别除权的行使，以债权申报和确认为前提。未按期申报债权或债权不被确认者，不得享有和行使别除权，也不得在破产程序以外行使其担保权。二是别除权的行使，以实现债权全部清偿为限度。如果别除权标的物在清偿了被担保的债权后还有余额，则该余额应当归属于破产财产。

3. 别除权是以破产人特定财产为标的物的权利。别除权享受优先受偿的财产是依照合同约定或法律规定被设置了担保权的担保物。在破产法上，这种财产被称为别除权的标的物。非特定物不能成为别除权的标的物。根据别除权标的物具有特定性的原理，当别除权标的物不足以清偿被担保的全部债务时，别除权人不得就未清偿部分请求由破产财产获得优先清偿，而只能作为普通债权人参加集体清偿。

4. 别除权是依破产程序而优先受偿的权利。享受别除权的债权人被称为别除权人。别除权的内容是别除权人有权就担保物单独优先受偿。而优先受偿是指在全体债权人的集体清偿程序之外个别地和排他地接受清偿。《企业破产法》第109条规定，对破产人的特定财产享有担保权的权利人，对该特定财产享有优先受偿的权利。

5. 别除权标的物不计入破产财产。别除权人有权就别除权标的物优先受偿，其他破产债权人不能对别除权标的物提出清偿请求，破产管理人也不得擅自将别除权标的物纳入破产分配。只有当别除权人放弃优先权而自愿加入集体清偿程序时，其别除权标的物才转化为破产财产。

二、别除权的具体类型

别除权以担保物权的存在为基础，因此，担保法规定的不同担保物权的类型决定了别除权的具体类型。《担保法》上规定的物的担保有三种形式，即抵押、质押和留置。因此，别除权以此为基础，相应地形成了三种权利形态。

（一）以抵押权为基础的别除权

抵押权是构成别除权的典型权利。抵押权是指债务人或第三人不转移对某一特定财产的占有，而将该财产作为债权的担保，债务人不履行债务时，债权人有权依法律规定以该财产折价或以变卖、拍卖该财产的价款优先受偿的权利。根据抵押权的各种属性可以将其分为两大类，一是普通抵押权，二是特殊抵押权。后者包括共同抵押、最高额抵押、法定抵押、动产抵押、财团抵押、所有人抵押等。无论何种抵押权，只要成立于破产宣告前，均可取得别除权的优越地位，个别地实现债权。

（二）以质权为基础的别除权

质权是指债务人或者第三人将其动产移交债权人占有，将该动产作为债权的担保。债务人不履行债务时，债权人有依照法律规定以该动产折价或以拍卖、变卖该动产的价款优先受偿的权利。根据法律规定质押可以分为动产质押与权利质押。如果质权的标的物属于破产财产，则应是别除权的标的物。如果质权的标的物为第三人所有，则不被视为别除权的标的物。

（三）以留置权为基础的别除权

留置权是指债权人按照合同约定，占有债务人的动产，债务人不履行合同约定，债权人有权依照法律规定，留置该财产，并依法将该财产予以变卖，从变卖所得价款中优先受偿。留置权作为担保物权，因此留置权人应当享有别除权人的地位。留置权人行使别除权时应注意以下几点：一是留置权人必须是依据合同关系已经合法地占有破产人的财产；二是留置权人所占有的破产人的财产，必须与破产企业所不履行的债务有某种牵连关系；三是留置权人在行使别除权时，不以破产人所负债务是否已届清偿期为限。

三、别除权的排除适用

根据我国《企业破产法》的规定，并非所有的担保债权均适用别除权，以下几种为不适用别除权的情况：

（一）保证债权不适用别除权

由于保证人提供的担保不属于破产企业的财产担保，同时，在审判实践中被保证的债权要求在破产企业无法满足时，债权人可以向保证人要求代为履行，没有行使别除权的必要。并且保证合同成立时，保证人并不实际向债权人转移用以保证的财产，债权人也没可能行使别除权。

（二）担保物权超过担保物价款的部分不能适用别除权

有财产担保的债权，其数额超过担保物的价款的，未受清偿部分，作为破产债权，依照破产程序受偿。

（三）担保物灭失的担保债权不能适用别除权

当担保物因意外事故灭失，债权人已无法对灭失的担保物设定别除权。但如果担保物的灭失是因为第三人的过错行为造成的，那么担保物所有人有权请求加害人予以赔偿，而该担保权人可以就第三人支付的赔偿设定别除权而优先受偿。

（四）因无效民事法律行为而导致的不能设定别除权的情况

一是《企业破产法》第31条规定的，人民法院受理破产申请前1年内，债务人对没有财产担保的债务提供财产担保的，管理人有权请求人民法院予以撤销。因此，法院撤销后该担保行为无效，亦不能设立别除权。二是以禁止流通物和限制流通物作为担保物的，不能以该担保物为客体设定别除权。

四、对别除权的限制

（一）在重整程序中对别除权的限制

《企业破产法》第75条规定："在重整期间，对债务人的特定财产享有的担保权暂停行使。但是，担保物有损坏或者价值明显减少的可能，足以危害担保权人权利的，担保权人可以向人民法院请求恢复行使担保权。"根据《企业破产法》第87条的规定，由于对债务人的特定财产享有担保权的债权人表决组未通过重整计划草案的，而按照重整计划草案，别除权人就该特定财产将获得足额清偿，其因延期清偿所受到的损失将得到公平清偿，并且其担保权未受到实质性损害，债务人或者管理人可以申请人民法院批准重整计划草案。需要注意的是，别除权人将获得足额清偿的不是别除权人的全部债权，而是基于"特定财产"价值的清偿。重整计划一旦经法院裁定批准，别除权人在重整期间将被暂停行使别除权，除非别除权标的物有损坏或者价值明显减少的可能，足以危害别除权人的权利。

（二）在和解程序中对别除权的限制

《企业破产法》第59条第3款规定："对债务人的特定财产享有担保权的债权人，未放弃优先受偿权利的，对于本法第61条第1款第7项、第10项规定的事项不享有表决权。"由此可以看出，别除权人虽然是债权人会议的成员，但是对"通过和解协议"没有表决权。债权人会议通过和解协议的决议，取决于出席会议的有表决权的债权人过半数同意，并且代表 2/3 以上的无财产担保债权总额。别除权人是否同意，别除权标的物的多或少均不影响和解协议的通过。但该规定并不完善，对于别除权人的债权总额明显超过担保物价值的部分，应当属于普通债权，对该部分普通债权行使上述表决权进行直接排除显然不利于保护别除权人的利益。虽然《企业破产法》第 110 条规定："享有本法第 109 条规定权利的债权人行使优先受偿权利未能完全受偿的，其未受偿的债权作为普通债权；放弃优先受偿权利的，其债权作为普通债权。"但"未受偿的债权作为普通债权"的时间条件是别除权人在已经行使优先受偿权利之后，对于别除权人在行使优先受偿权利之前，其对"通过和解协议"是绝对没有表决权的。因此，别除权人对"通过和解协议"不享有表决权应当明确设置例外规定。

（三）在破产财产的分配方案的表决上对别除权的限制

根据《企业破产法》第 59 条第 3 款规定，别除权人对"通过破产财产的分配方案"不享有表决权。别除权人行使优先受偿权利未能完全受偿的，其未受偿的债权作为普通债权；放弃优先受偿权利的，其债权作为普通债权。据此，在别除权人行使优先受偿权利后，未能完全受偿的债权人或者放弃优先受偿权的债权人已经不再是别除权人，已经转变为无财产担保的普通债权人，应当对"通过破产财产的分配方案"享有表决权，而《企业破产法》对此规定不是十分明确。

（四）在劳动债权与别除权谁优先受偿上对别除权的限制

劳动债权属于民法上的债权，一般是指劳动者基于劳动关系，而对于用人单位享有的各种请求权的总和，包括工资、各种非工资形式的报酬和福利。按照我国旧的破产法律规范，劳动债权的范围仅限于职工工资和劳动保险费用，新《企业破产法》扩大了劳动债权的范围，该法第 132 条规定："本法施行后，破产人在本法公布之日前所欠职工的工资和医疗、伤残补助、抚恤费用，所欠的应当划入职工个人账户的基本养老保险、基本医疗保险费用，以及法律、行政法规规定应当支付给职工的补偿金，依照本法第 113 条的规定清偿后不足以清偿的部分，以本法第 109 条规定的特定财产优先于对该特定财产享有担保权的权利人受偿。"这里的"特定财产"就是别除权的标的。该规定是对别除权人实体权利附条件的剥夺，这对企业职工劳动债权的保护是极为有利的，但应该注意的是，在新《企业破产法》公布后，产生的劳动债权就不能先于别除权人受偿。这样规定符合破产法原理，有利于别除权人权利的行使，有利于市场交易的信用和秩序，有利于促使劳动者积极行使救济权利，尽快实现劳动债权。

五、别除权的行使

别除权的行使是指别除权人实现别除权的方法与程序。别除权的行使较之普通债权有独立性，不适用有关破产债权的构成、申报、确认、算定、受偿的所有规定，也有别于民商法所规定的民事程序，有着自己的特殊程序。

（一）债权申报

别除权尽管在破产宣告后才能实际地发挥作用，但其在法律上的成立，必须同其他债权一样，依照法定程序进行债权申报。倘若逾期未能申报，不仅其别除权的优先性丧失，而其连普通债权的资格也不能取得。《企业破产法》第45条规定："人民法院受理破产申请后，应当确定债权人申报债权的期限。债权申报期限自人民法院发布受理破产申请公告之日起计算，最短不得少于30日，最长不得超过3个月。"

（二）别除权的确认

别除权人要行使别除权，必须经过有权机关的承认。关于别除权的承认机关，各国破产立法规定不同。有的国家基于破产管理人接管破产人的法律地位，规定破产管理人拥有承认别除权的权利。有的国家破产法规定，破产管理人承认别除权，必须经债权人会议或监查人的同意。有的国家从保护其他债权人利益的角度出发，将该承认权赋予债权人会议。我国现行《企业破产法》规定，债权人会议有权审查有关债权的证明材料，确认债权有无财产担保及其数额。由此可见，我国现行《企业破产法》将别除权的承认权赋予了债权人会议，而不是破产管理人。

（三）别除权实现的途径

别除权的实现途径多种多样，但从总体上看，因其标的物属于动产或不动产，以及为别除权人或为破产管理人实际占有而有所差异。就动产而言，作为别除权的标的物若由别除权人所占有，则别除权人可以采取下列方法：一是自行拍卖或变卖，以所得价额受偿，并将剩余额送还破产管理人，回归破产财产。二是对于法律有特别规定的动产，应当遵照法定程序予以拍卖或变卖。三是同管理人签订合同，或以实物折价，从而取得担保标的物的所有权。四是若以金钱为担保标的物，则可直接受偿，并将剩余部分返还破产管理人。若作为别除权的标的物为破产管理人实际占有，除以上可用方法外，别除权人可请求法院裁定，实施强制拍卖或变卖。就不动产而言，一般由破产管理人实际控制，别除权的行使可以采取以下方法：一是同破产管理人订立合同，使权利人取得担保物的所有权，并依法办理有关手续；二是请求法院作出准予拍卖的裁定，据此通过民事强制执行程序予以实现；三是请求法院以拍卖以外的方法实现别除权。四是由破产管理人主持拍卖或变卖。

第二节　取　回　权

一、取回权的概念与特征

（一）概念

取回权是指在破产程序中，对于不属于债务人的财产，其所有权人或者其他权利人不依照破产程序，通过管理人将该财产予以取回的权利。

（二）法律性质

对于取回权的法律性质，理论上有两种观点：一是"异议权说"，该说认为取回权是诉讼法上的权利，其实质类似于强制执行法上的第三人的异议权。二是"私权说"，该说认为取回权并非破产法上新创设的权利，而是民法上的财产返还请求权在破产程序中的反映与演变。权利人对于标的物所拥有的所有权或支配权，并不会因其处于破产程序而有所动摇甚或丧失，因此，破产法才赋予其以取回权。学界通说为"私权说"。

（三）特征

1. 取回权是对特定物的返还请求权。这种返还请求权应具备三项条件：一是以被请求人占有请求人财产的事实为前提；二是以特定物为请求标的；三是以该物的原物返还为请求内容。至于被请求人占有财产的依据为何，在所不问。

2. 取回权是以物权为基础的请求权。取回权人是以物的所有权人和他物权人的身份提出权利请求的。若无物的所有权和他物权作为权利基础，不得主张取回权。

3. 取回权是破产清算程序中行使的特别请求权。其特殊性表现为一是此权利仅得于破产宣告以后发生效力，二是此权利的义务人是破产管理人。

第
十
一
章

4. 取回权的标的在被取回以前，视为破产财产，由管理人管理和支配。该财产若受到不法侵害，管理人得请求法律保护。

二、取回权的种类

取回权根据其所依据的法律关系及构成要件的不同，可以分为一般取回权和特殊取回权。适用破产法概括性规定的取回权为一般取回权。适用破产法特别规定的取回权为特殊取回权。

（一）一般取回权

1. 概述。总的说来，凡破产法无特别规定，但符合破产法概括性规定的取回权，都是一般取回权。我国《企业破产法》第 38 条规定："人民法院受理破产申请后，债务人占有的不属于债务人的财产，该财产的权利人可以通过管理人取回。但是，本法另有规定的除外。"该条规定的是一般取回权的基本规则。

2. 一般取回权的实体权利基础。

（1）所有权。这是取回权得以形成的最主要的基础权利，因其属于他人之物，不能被纳入破产财产加以分配。破产人于破产宣告前，之所以能占有他人的财产，其原因有两类：一是物权行为，即破产人基于某种原因取得他人财产以作为债务履行之担保，而债务人适当地完全地履行其债务；二是债权行为，即破产人基于加工承揽合同、借用合同、仓储合同、租赁合同、寄售合同、无因管理等占有他人财产，在受宣告破产后，他人要求取回其财产。此外，实践中往往呈现出种种特殊状态。如所有权保留、信托行为中受托人的所有权、让与担保所有权、不得对抗第三人的所有权等。

（2）占有返还请求权、担保物权和用益物权。若破产管理人将他人的财产误列为破产财产加以占有和管理，对该财产享有占有权、担保物权和用益物权的人，也可以向破产管理人主张取回权，要求收回该项财产。

（3）债权。债权请求权能否成为取回权的基础，取决于该权利的性质。破产人基于承揽、租赁、寄托、借用等法律关系占有他人财产，在破产宣告作出后，该财产的所有权人或支配权人可依据其债权请求权，向破产管理人主张取回权。该财产的所有权人或支配权人必须将其债务履行完毕。

（二）特殊取回权

特殊取回权是与一般取回权相对而言的，一般取回权是以破产人现实地占有标的物为基本特征，特殊取回权是以破产人或破产管理人即将占有标的物为特征。在学说和国外立法例上，特别取回权包括出卖人取回权、行纪取回权和代偿取回权。我国《企业破产法》仅规定了出卖人取回权。《企业破产法》第39条规定："人民法院受理破产申请时，出卖人已将买卖标的物向作为买受人的债务人发送，债务人尚未收到且未付清全部价款的，出卖人可以取回在运途中的标的物。但是，管理人可以支付全部价款，请求出卖人交付标的物。"该条是根据英美法系关于中途停运权的规定，对破产程序中的出卖人取回权的规定。

1. 出卖人取回权。出卖人取回权是指在异地交易中，出卖人发运买卖标的物以后，买受人没有付清价款，而于收到标的物以前被宣告破产的，出卖人有权解除合同并取回该项财产。此规定是为保护卖方权益。英国称之为中途停止权，法国、德国称之为追及权，日本则称之为出卖人取回权。出卖人取回权包括三个构成要件。

（1）双方买卖合同中所约定的货物处于运输途中。在交易实践中，出卖人已经将货物交由承运人发运，货物处于在途状态，出卖人丧失了对货物的实际占有与控制；同时由于货物还没有到达作为买受人的破产企业，买受人也没有实际占有货物。此时货物处于承运人或其指定的货运公司的控制中，实践中表现为代表货物所有权的提单或提货票没有交付买受人。传统理论认为双方约定的买卖必须是异地买卖，但同域买卖的情况下也有可能发生出卖人已将货物发出而买受人尚未收到即经被宣告破产的情况，此时也应承认出卖人的取回权。

（2）买方尚未付清货款。买方尚未付清货款，包括未付部分货款与全部未付。如果买受人已结清货物价款，出卖人获得了合同约定的对价，也就谈不上取回货物之权。如果卖方要求取回货物，而破产管理人要求付清货款、交付货物时，卖方无权取回货物，因其权利已可完全实现，取回权也就不存在。这里的未付清货款，并不问原定清偿期限是否已到，因为无论清偿期到否，破产的事实已使卖方不可能再获得全部货款。

（3）买受人被裁定进入破产程序时，买卖标的物尚处于运输途中。这是成就出卖人取回权的时间条件。以人民法院受理买受人破产申请的时间为界限，在此点之前双方合同约定的货物尚未到达被裁定破产的企业，出卖人可以要求承运人将货物运回并返还给出卖人，即出卖人可以行使取回权，而不必承担合同法上的违约责任。即使在受理破产申请以后，货物到达破产企业，破产企业收取了货物，出卖人仍然可以要求管理人返还货物。如果在人民法院裁定受理破产申请前，双方约定的货物已经到达破产企业，破产企业接受货物，按照合同法的规定，货物交付已经完成，即使买受人尚未向出卖人支付全部买卖价款，出卖人也只能以价款的给付请求权向破产管理人申报债权，此时，出卖人丧失取回权。

2. 行纪取回权。行纪取回权是指行纪人受委托人的委托购入物品并交付给委托人，在货物发运后，委托人尚未收到货物又未付清价款而被宣告破产的，行纪人对于已经发运的财产拥有取回权。在特殊取回权的情况下，管理人可以通过付清价金，取得标的物的所有权。在此种情况下，行纪人的法律地位与出卖人相同。

3. 代偿取回权。代偿取回权是指财产权利人在取回标的物被破产人在破产宣告前或破产清算人于破产宣告后转让与他人时，所享有的请求受让人对待给付或返还原物的权利。目前只有德国、日本等少数国家的破产法规定有代偿取回权。

三、取回权的范围

取回权制度的法理依据是"只有债务人自己的财产能够纳入清算分配"的原则。我国《企业破产法》第38条规定："人民法院受理破产申请后，债务人占有的不属于债务人的财产，该财产的权利人可以通过管理人取回。"实践中，作为取回权标的物的不属于破产人的财产，主要包括两项：

（一）合法占有的他人财产

即有合法根据占有的属于他人的财产。包括共有财产、委托管理的财产、租赁财产、借用财产、加工承揽财产、寄存财产、寄售财产、基于其他法律关系交破产人占有但未转移所有权的他人财产。

（二）不法占有的他人财产

即无合法根据占有的属于他人的财产。包括非法侵占的财产、受领他人基于错误所为之给付而取得的财产、破产人据为己有的他人遗失财产。

四、取回权的行使

取回权不依破产程序而行使，即不应在破产程序中受偿。但是，取回权人无法实际脱离破产程序，其必须在破产进程中主张权利，否则将可能导致权利丧失。

（一）取回权的主体

1. 取回主体。取回主体以取回权人为限。取回权人是指依法能够取回债务人占有的财产的所有权人或其他权利人。

2. 受取回权主体。在破产程序中，债务人的所有财产均由管理人接管，破产人或其他人均无处分权利，当然也就没有承认取回权的权利。同样，债务人财产在管理人控制之下，唯有向管理人主张取回，方可能实现取回的目的。我国《企业破产法》第38条规定："人民法院受理破产申请后，债务人占有的不属于债务人的财产，该财产的权利人可以通过管理人取回。但是，本法另有规定的除外。"该条规定管理人为取回权人主张的对象。

（二）取回的方式

1. 径直请求。取回权人直接向管理人主张取回权，管理人无异议的，取回权人可以根据法律规定直接取回自己的财产，实现私法上的自力救济。取回权人主张取回，应提出书面请求，并提供其对债务人占有的财产享有所有权或其他权利的相关证据。管理人有权予以审查并决定是否承认该项取回。对于取回权人主张取回的财产数额较大的，管理人还可以向债权人会议或债权人委员会汇报后作出决定。

2. 拒绝给付。债务人占有的财产既可能是现实占有，也可能是即将占用。我国《企业破产法》第39条规定的出卖人取回权的标的物，即是债务人即将占有出卖人的发出货物。就债务人即将占用的财产，财产如仍在或回复到取回权人的占有或支配下，在管理人将其作为破产财产要求取回权人将其给付管理人的，取回权人可以拒绝给付，并提出行使取回权之主张。该主张应伴随有关事实证据和法律依据。

3. 提起诉讼。取回权人向管理人主张财产取回，但管理人有异议或经管理人报告债权人委员会后，债权人委员会对其取回权有异议，管理人因而拒绝权利人的取回主张的，取回权人可以以管理人为相对人向受理破产案件的法院提起诉讼。取回权人的诉讼既可以是确认其取回权的确认之诉，确认之后要求管理人为给付。也可以是要求管理人直接返还的给付之诉。《企业破产法》第21条规定："人民法院受理破产申请后，有关债务人的民事诉讼，只能向受理破产申请的人民法院提起。"因此，取回权人提起的关于取回权的诉讼，只能在受理破产案件的法院提起，而不能依据民事诉讼法有关案件的管辖提起。

第三节 抵 销 权

一、破产抵销权的概念与特征

（一）概念

破产抵销权是指破产债权人在破产宣告前对破产人负有债务的，不论债的种类和到期时间，得于清算分配前以破产债权抵销其所负债务的权利。

破产抵销是破产债权只能根据破产财产状况的比例得以清偿的例外，即在破产债权人对破产企业享有债权的同时又对其负有债务的情况下，若要求其对破产企业所负债务作为破产企业的财产完全清偿，但是其对破产企业的债权却由于破产财产不足以清偿全部破产债务而不能得到完全清偿，则有违公平原则，故法律设计了破产抵销制度，使破产债权人得以适用破产抵销得到救济。

（二）特征

破产法上的抵销权与民法上的抵销权有很大差别，具体表现在：

1. 破产法上的抵销权，仅限于破产债权人向债务人主张债权债务的抵销，而民法意义上的抵销权无此限制，互负债务的双方都有主张抵销的权利。

2. 破产抵销权的行使，不受债的种类和履行期限的限制。在破产程序中破产宣告后，所有债务都转换为金钱债务，未到期的视为到期，并允许附条件和附期限的债权进行申报。而民法上的抵销权的行使，必须具备两个条件。一是抵销双方债的标的种类相同，一般以金钱和种类物居多。如果双方互负债务的标的种类不同，双方各有其经济目的，则不允许抵销。二是抵销双方的债务均已届清偿期，附条件和附期限的债务不得抵销。

3. 破产抵销中的债务，必须为破产债权人于破产受理前对破产人所负的债务。民法对可抵销债务的形成时间并无限制。

二、破产抵销权的行使

（一）破产抵销权的范围与适用条件

我国《企业破产法》第 40 条对破产抵销权作出了规定："债权人在破产申请受理前对债务人负有债务的，可以向管理人主张抵销。"

破产抵销权的适用条件包括四点：一是债权人的债权已经得到确认；二是

抵销的债权债务必须是在破产宣告前成立的、破产企业和破产债权人之间形成的双向债权债务；三是抵销的债权须是无财产担保或者放弃优先受偿的破产债权。但是破产宣告前成立的有财产担保的债权人，在具备条件时亦可抵销。四是破产抵销权必须依破产程序申报，并且该申报在破产清算分配前。

（二）破产抵销权的限制

破产抵销权的适用可以使享有破产抵销权的债权人在破产程序中拥有不同于其他债权人的优先地位。从另一个角度讲，对债务人负有债务的人如果通过某种方式以较小的对价获得对债务人的债权，并在破产程序中进行抵销，也能减轻自己的债务履行负担，或者债务人的债务人通过各种手段低价收购对债务人的债权，以供抵销。因此，法律必须对破产抵销权的行使作出一定限制，以防止过多的抵销进行而损害其他债权人的利益，维护债权人之间的公平。《企业破产法》第40条对不得适用抵销权的情形进行了列举。

1. 债务人的债务人在破产申请受理后取得他人对债务人的债权的。债务人的债务人在破产程序中应当向管理人完全履行其所负的债务，这种履行所产生的利益应当归入债务人财产。而债务人的债务人如果在破产案件受理后通过转让取得他人对债务人的债权，并以此与其债务抵销，则会消灭或部分消灭其所负的债务，减少债务人财产的价值，并且会诱发债务人的债务人在破产案件受理后低价收买他人对债务人的债权的道德风险。因此，债务人的债务人在破产申请受理后取得他人对债务人的债权的，不管基于什么原因取得的，均不得主张抵销。

2. 债权人已知债务人有不能清偿到期债务或者破产申请的事实，对债务人负担债务的；但是，债权人因为法律规定或者有破产申请1年前所发生的原因而负担债务的除外。这是债权人恶意对债务人承担债务的情形。在破产案件受理前对债务人享有债权的人，在得知债务人有不能清偿到期债务或者已经提出破产申请的情况下，仍然对债务人负担债务的，法律上就推定其是为了在债务人被裁定进入破产程序后行使破产抵销权做准备，推定其主观上存在恶意，并予以禁止。但由于是主观推定，因此，债权人因为法律规定或者有破产申请1年前所发生的原因而负担债务的除外。

3. 债务人的债务人已知债务人有不能清偿到期债务或者破产申请的事实，对债务人取得债权的；但是，债务人的债务人因为法律规定或者有破产申请1年前所发生的原因而取得债权的除外。这是债务人的债务人恶意取得对债务人的债权的情形。债务人的债务人在得知债务人有不能清偿到期债务或者破产申请的事实，并且其对债务人的债权有很大的可能转化为破产债权的情况下，仍对债务人取得债权，法律上推定其有行使破产抵销权的恶意。但是，债务人的债务人因为法律规定或者有破产申请 1 年前所发生的原因而取得债权的除外。

二、破产抵销权与破产案件中其他权利的竞合

（一）别除权

破产债权人对破产企业享有的债权存在抵押或质押担保的属于优先债权，得以优先于普通债权受偿，但若抵押物价值不足债权数额的，破产财产不足以清偿优先债权的，债权人选择适用别除权亦不能使其债权得到完全清偿，但适用破产抵销权则可全部清偿，若破产债权大于其对破产企业所负债务时，将债权债务等额抵销后，剩余的破产债权仍可适用别除权。

（二）撤销权

依据《企业破产法》第 31 条的规定，人民法院受理破产申请前 1 年内，涉及债务人财产的下列行为，管理人有权请求人民法院予以撤销：①无偿转让财产的；②以明显不合理的价格进行交易的；③对没有财产担保的债务提供财产担保的；④对未到期的债务提前清偿的；⑤放弃债权的。依据可撤销法律行为发生的债务不得用于抵销，可撤销行为被人民法院撤销后，相对人因撤销而对破产企业负有的债务不得与破产债权抵销。如相对人无偿受让破产企业财产的，该行为被法院撤销后，相对人负有返还财产的义务，因此形成的其对破产企业的债务，不得与其对破产企业债权进行抵销。

（三）取回权

人民法院受理破产案件申请后，债务人占有的不属于债务人的财产，该财产的权利人可以通过管理人取回。属于权利人财产的特定物可以由权利人取回。管理人有异议并经人民法院确认不能取回的财产，经确认为破产债权后符合抵销条件的可以抵销。

思考题

1. 简述别除权的概念与特征。
2. 简述别除权具体形态的类型。

3. 简述别除权的行使程序。

4. 简述取回权的概念、特征及种类。

5. 简述破产抵销权的概念与特征。

6. 简述破产抵销权与破产案件中其他权利的竞合。

第 12 章
破产清算

【学习目的与要求】　本章主要阐述破产程序的重要组成部分——破产清算。应掌握破产清算的概念与特征，破产财产的变价与分配。掌握破产费用与共益债务的概念和特征，了解破产费用与共益债务的清偿。掌握破产程序终结的原因、程序与效力。

第一节　破产清算概述

一、破产清算的概念

破产清算是指企业法人不能清偿到期债务被依法宣告破产时，由法院组成清算组对企业法人进行清理，并将破产财产公平地分配给债权人，并最终消灭企业法人资格的程序。

二、破产清算的特征

1. 人民法院是启动清算程序的唯一法定机构。破产清算的性质为法庭内的清算，属于司法行为，只有法院才有权启动破产清算程序，其他任何机构都没有权力对任何债务人进行破产清算。

2. 债务人具备破产条件是破产清算程序启动的原因。根据《企业破产法》第 2 条的规定，破产清算程序启动的条件是企业法人不能清偿到期债务，并且资产不足以清偿全部债务或者明显缺乏清偿能力。此处的债务人只能是企业法人，对于其他市场主体，如个人独资企业、合伙企业、普通民事合伙、个体工商户和自然人等只能比照《企业破产法》启动破产程序。

3. 破产宣告是进入破产清算程序的标志。破产案件的受理并不意味着已经进入了破产清算程序，因为在破产案件受理之后，并不一定必然要走破产清算程序，债权人和债务人完全有可能通过和解程序来进行。此外，在法院受理破产案件之后，一些特殊事由的出现也有可能使得法院并不对债务人进行破产宣告，而是终结破产程序。譬如第三人为债务人提供足额担保或者帮助债务人清偿全部到期债务的；或者债务人已经对全部到期债务进行清偿的。法院进行破产宣告，虽不代表破产程序的开始，但却标志着破产清算的开始。在破产宣告后，存在着一系列严格的法律规定，包括破产取回权的行使、破产抵销权的行使、优先受偿权的行使和破产财产的变价、分配等方面的规定来保证破产财产得以在债权人之间公平地进行分配。

4. 破产清算程序的启动将会产生一系列法律后果。根据《企业破产法》规定，破产清算程序的启动意味着发生如下法律后果：债务人的债务人或者财产持有人应当向管理人清偿债务或者交付财产；管理人对破产申请受理前成立而债务人和对方当事人均未履行完毕的合同有权决定解除或者继续履行，并通知对方当事人；人民法院受理破产申请后，有关债务人财产的保全措施应当解除，执行程序应当中止；人民法院受理破产申请后，已经开始而尚未终结的有关债务人的民事诉讼或者仲裁应当中止，在管理人接管债务人的财产后，该诉讼或者仲裁继续进行；人民法院受理破产申请后，有关债务人的民事诉讼，只能向受理破产申请的人民法院提起；此外，企业职工失业的起始期从破产清算程序启动之日开始计算。

第二节 破产财产的变价与分配

一、破产财产的变价

（一）破产财产变价的概念

破产财产的变价，又称破产财产的变现，是指破产管理人将破产财产中的非金钱财产，以变卖或拍卖的方式，转变为金钱财产的行为或过程。

破产财产的变价，既是破产管理人的重要职权，也是破产管理人的义务之一。破产管理人在进行变价工作时，应尽到善良管理人的注意义务。为保证破产管理人公平、公正、公开地变价破产财产，各国一般赋予债权人会议或监督人以监督权。我国《企业破产法》第61条规定，债权人会议有权通过破产财产的变价方案。第111条规定，管理人应当及时拟订破产财产变价方案，提交债权人会议讨论。管理人应当按照债权人会议通过的或者人民法院依照本法第65条第1款规定裁定的破产财产变价方案，适时变价出售破产财产。据此，在我国，管理人是破产变价方案的提出者和执行者。

（二）破产财产变价的原则

1. 三公原则。公开、公平、公正原则是破产程序公平清偿的要求，也必然成为破产财产变价必须遵循的原则。

2. 整体变价与分散变价相结合原则。《企业破产法》第112条第2款前半部规定，破产企业可以全部或者部分变价出售。从破产财产的快速变现考虑，整体变价将简化破产程序，降低破产成本，尤其是整体变价对于破产财产的收购而言，有利于收购方在原有资产上重新建立新的法人实体或尽快开展业务。因此，我国破产法对于成套设备一般采取整体出售原则，不能整体出售的，可以分散出售。但是，破产财产不能整体变价或不适宜整体变价的，或者分散拍卖的价值扣除有关费用和时间成本后，仍大于整体拍卖的价值的，为债权人利益考虑，管理人应当对破产财产采取分散变价的方式，实施破产财产的转让。

3. 无形资产单独处理原则。《企业破产法》第112条第2款后半部规定，企业变价出售时，可以将其中的无形资产和其他财产单独变价出售。无形资产单独处理主要考虑无形资产的独立性以及价值的巨大差异性。与其他财产混同处理，容易抹杀无形资产的巨大价值，而独立处理有利于无形资产价值的充分体现和利用。《企业破产法》对于无形资产的处置采取的是倡导性规定，即以独立变价为主，但法律并不禁止无形资产与其他资产一并处理。管理人应根据破产人所拥有的无形资产的具体情况加以确定。

（三）破产财产的评估

对破产财产进行变价，应建立在了解破产财产的价值情况的基础上，因此需要对破产财产依法进行评估。由于破产财产的评估涉及债权人的利益和对破产财产的保护，评估工作应坚持客观、公正、科学、合理的原则。评估工作应当由有相应评估资质的评估机构完成，债权人会议、管理人如对破产财产的评估结论、评估费用有异议，可要求评估机构重新评估。破产财产的评估并非破产变价的必经程序。如果破产财产不是国有资产，且债权人会议对破产财产的市场价格无异议，经人民法院同意，也可以不进行评估。

（四）破产财产变价的方式

《企业破产法》第112条第1款规定，变价出售破产财产应当通过拍卖进行。但是，债权人会议另有决议的除外。由此可见，破产财产的变价以拍卖方式为主，其他转让方式为辅。

1. 拍卖。破产财产的拍卖是指破产管理人将非金钱形态的破产财产，委托给有拍卖资格的拍卖机构，由其按照法定拍卖程序，出售给出价最高的公开竞价者的特殊买卖方式。破产财产的拍卖在性质上属于强制拍卖，一般包括拍卖的准备与委托、公告与展示、实施以及破产财产权属转移等几个阶段。《企业破产法》规定破产财产的变价原则上应当采用拍卖的方式。

2. 变卖。破产财产的变卖是指破产管理人个别寻找买主，并参照破产财产评估的结果，以适当价格将非金钱形态的破产财产变现成金钱财产的买卖方式。为了尊重债权人的意思自治，如果大多数债权人在讨论破产财产变价方案时认为，如果将全部或部分破产财产直接作价变卖，可以实现价值最大化，可以决议形成财产变价方案，由管理人具体实施。

应注意的是拍卖和变卖方式只适用于破产财产中流通物的变价。对于破产财产中的限制流通物，如国家文物，易燃、易爆危险品等，《企业破产法》第112条第3款规定，按照国家规定不能拍卖或者限制转让的财产，应当按照国家规定的方式处理。

二、破产财产的分配

（一）破产财产分配的概念与特征

破产财产的分配是指破产管理人依照法定的清偿顺序和程序，将变价后的破产财产分配给债权人的过程。破产财产的分配是破产清算的首要目标，也是破产清算的最后阶段，分配结束是破产程序终结的原因之一。

破产财产的分配具有以下特征：

1. 破产管理人是破产财产分配的实施者。破产管理人是破产清算工作的实施者，破产分配作为破产清算的组成部分，自然也是由清算组具体实施。破产管理人在破产财产分配中的工作主要包括制定破产财产分配方案、发布分配公告和执行分配方案等。

2. 破产债权人是破产财产分配的受偿对象。破产债权人除经法定程序确认的普通破产债权人外，还包括优先顺位受偿人，如在破产人拖欠职工工资和劳动保险费用的情况下，破产人的职工作为优先顺位受偿人可参加破产分配。行使了优先受偿权并就其债权全部受偿的别除权人、抵销权人、破产管理人或共益债权人不能参加破产分配，但放弃优先受偿权或其债权未全部受偿的别除权人、抵销权人、破产管理人或共益债权人除外。

3. 破产财产的分配以现存的可供分配的破产财产为限。可供分配的破产财产是指经取回权人、别除权人、抵销权人行使权利以及拨付了破产费用和共益债务后所剩下的破产财产。可供分配的破产财产是破产分配的基础，如果破产财产不足以支付上述费用或在支付了上述费用后，确定的破产财产无剩余的，破产管理人应提请法院终结破产程序。只要有可供分配的破产财产，即使在分配终结之后，破产债权人仍可就该财产受偿。

4. 破产财产的分配应依照法定的清偿顺序和程序进行。破产财产的分配并不是就破产财产在受偿主体之间作平均分配，而是按照法律规定的清偿顺序进行。只有满足了前一顺序的债权后，后一顺序的债权才可能受偿。同一顺序的债权，按比例受偿。

（二）破产财产的分配方式

破产财产的分配方式，按分配的次数可分为一次分配和多次分配；按实际分配的财产性质可分为金钱分配、实物分配和债权分配等。分配方案中应具体说明是一次分配还是多次分配。采用一次分配方式的，应说明分配的时间、地点；采用多次分配的，应说明原因以及各次分配的时间、地点。破产财产的分配，以金钱分配为原则，但在某些情况下，也可采用实物分配的方式。《企业破产法》第114条规定，破产财产的分配应当以货币分配方式进行。但是，债权人会议另有决议的除外。根据此规定，破产财产分配原则上实行货币分配，此种方式可以避免分配中的不公平现象。但如果债权人会议有特别规定，也可采取规定的方式进行分配。

（三）破产财产的分配顺序

《企业破产法》第113条规定，破产财产在优先清偿破产费用和共益债务后，依照下列顺序清偿：①破产人所欠职工的工资和医疗、伤残补助、抚恤费用，所欠的应当划入职工个人账户的基本养老保险、基本医疗保险费用，以及法律、行政法规规定应当支付给职工的补偿金；②破产人欠缴的除前项规定以外的社会保险费用和破产人所欠税款；③普通破产债权。破产财产不足以清偿同一顺序的清偿要求的，按照比例分配。破产企业的董事、监事和高级管理人员的工资按照该企业职工的平均工资计算。

（四）破产财产分配的程序

1. 制定破产财产分配方案。破产财产分配方案是破产管理人进行破产分配的依据。破产管理人作为破产财产的法定管理机关，充分了解破产人的财产状况和负债情况，因而破产财产分配方案一般由破产管理人制定。《企业破产法》第115条规定，管理人应当及时拟订破产财产分配方案，提交债权人会议讨论。破产财产分配方案应当载明下列事项：①参加破产财产分配的债权人名称或者姓名、住所；②参加破产财产分配的债权额；③可供分配的破产财产数额；④破产财产分配的顺序、比例及数额；⑤实施破产财产分配的方法。

2. 通过破产财产分配方案。破产分配关系到债权人的切身利益，应当由债权人会议讨论通过。《企业破产法》第64条规定，债权人会议的决议，由出席会议的有表决权的债权人过半数通过，并且其所代表的债权额占无财产担保债权总额的1/2以上。但是，本法另有规定的除外。债权人认为债权人会议的决议违反法律规定，损害其利益的，可以自债权人会议作出决议之日起15日内，请求人民法院裁定撤销该决议，责令债权人会议依法重新作出决议。债权人会议的决议，对于全体债权人均有约束力。

3. 裁定认可破产财产分配方案。《企业破产法》第115条规定，债权人会议通过破产财产分配方案后，由管理人将该方案提请人民法院裁定认可。《企业破产法》第65条规定，对于破产财产的分配方案，经债权人会议二次表决仍未通过的，由人民法院裁定。人民法院可以在债权人会议上宣布或者另行通知债权人。由此可见，如经债权人会议多次讨论后，破产财产分配方案仍未通过的，破产管理人应提交法院直接裁定。法院收到分配方案后，应依法对该方案的真实性、准确性和合法性进行审查。经过审查，如果法院认为分配方案不符合法律规定或有规避法律的问题，不管债权人会议是否同意，法院均可驳回该方案，发回破产管理人重新修改，由债权人会议重新讨论。经法院裁定批准的分配方案，具有法律效力，管理人不得随意修改。如分配方案确需补正，应经债权人会议和法院的认可。

4. 执行破产财产分配方案。《企业破产法》第116条规定，破产财产分配方案经人民法院裁定认可后，由管理人执行。管理人按照破产财产分配方案实施多次分配的，应当公告本次分配的财产额和债权额。管理人实施最后分配的，应当在公告中指明，并载明本法第117条第2款规定的事项。由此可见，经人民法院裁定的破产分配方案具有强制执行的效力，破产管理人应当立即执行。破产管理人应公告分配方案，并通知债权人受领分配的时间、地点。破产财产分配程序终结后，破产管理人应当提请人民法院终结破产程序。

（五）特殊情况下未受领债权分配额的提存

特殊情况下未受领债权分配额的提存包括三种情况：

1. 对于附生效条件或者解除条件的债权的分配额的提存。《企业破产法》第117条规定，对于附生效条件或者解除条件的债权，管理人应当将其分配额提存。管理人依照前款规定提存的分配额，在最后分配公告日，生效条件未成就或者解除条件成就的，应当分配给其他债权人；在最后分配公告日，生效条件成就或者解除条件未成就的，应当交付给债权人。

2. 对债权人未受的破产财产分配额的提存。《企业破产法》第118条规定，债权人未受领的破产财产分配额，管理人应当提存。债权人自最后分配公告之日起满2个月仍不领取的，视为放弃受领分配的权利，管理人或者人民法院应当将提存的分配额分配给其他债权人。

3. 在破产财产分配时，对于诉讼或者仲裁未决的债权的分配额的提存。《企业破产法》第119条规定，破产财产分配时，对于诉讼或者仲裁未决的债权，管理人应当将其分配额提存。自破产程序终结之日起满2年仍不能受领分配的，人民法院应当将提存的分配额分配给其他债权人。

（六）追加分配

破产财产的分配，按照分配时间阶段的不同，可分为中间分配、最后分配和追加分配。最后分配是指在全部破产财产变价之后，对所有破产财产所做的无剩余的分配。在最后分配之前，即在全部破产财产变价之前，在对债权进行一般调查之后，对破产财产所做的分配为中间分配。追加分配是指在最后分配完毕乃至破产程序终结后，又发现了可供分配的破产财产，经法院许可而进行的分配。追加分配是对一般分配的补救，其价值在于保护债权人利益。

1. 追加分配的财产来源。《企业破产法》第123条规定："自破产程序依照本法第43条第4款或者第120条的规定终结之日起2年内，有下列情形之一的，债权人可以请求人民法院按照破产财产分配方案进行追加分配：①发现有依照本法第31条、第32条、第33条、第36条规定应当追回的财产的；②发现破产人有应当供分配的其他财产的。有前款规定情形，但财产数量不足以支付分配费用的，不再进行追加分配，由人民法院将其上交国库。"由此可见，追加分配的财产来源主要包括以下两大类：

（1）基于法律规定的行为而取得债务人财产的，应当在破产程序进行期间由管理人追回，与其他破产财产合并，以全部财产变价后合理地对债权人进行分配清偿。但是，如果管理人在破产程序进行期间并不知道有这些财产。在人民法院裁定破产程序终结后，发现有因此类行为而未加分配清偿的财产的，应当追回并补充分配给债权人。①人民法院受理破产申请前1年内，债务人有应当予以撤销的行为所涉及的债务人的财产。具体包括无偿转让的财产、以明显不合理的价格进行交易的财产、对没有财产担保的债务提供财产担保的财产、对未到期的债务提前清偿的财产、放弃债权的财产。②人民法院受理破产申请前6个月内，债务人不能清偿到期债务，并且资产不足以清偿全部债务或者明显缺乏清偿能力的，仍对个别债权人进行清偿而转移的财产。但是，个别清偿使债务人财产受益的除外。③债务人的无效行为所涉及的财产，包括为逃避债务而隐匿、转移的财产和虚构债务或者承认不真实的债务而隐瞒的财产。④债务人的董事、监事和高级管理人员利用职权从企业获取的非正常收入和侵占的企业财产，管理人应当追回。

（2）破产人有应当供分配的其他财产。①破产程序中因纠正错误支出而收回的款项。破产企业因错误而多支出的款项，破产管理人在破产程序中应予以纠正，相对人对多收的款项应负有返还义务。如果这些款项是在破产程序终结后才收回的，人民法院应就收回的款项进行追加分配。②权利被承认而追回的款项。主要指在破产程序终结前尚存在权利争议，在破产程序终结后，由发生法律效力的判决、裁定所确认的财产。③债权人放弃的财产。主要指获得财产分配的债权人明确放弃的财产，以及在法定期间内仍未被债权人领取的提存财产。④破产程序终结后实现的财产权利。如在破产程序终结前难以变现且又难以分配的实物、债权或股权，在破产程序终结后因变现所得的收益。⑤除上述财产应当追加分配外，其他破产程序终结后发现的可以被分配的债务人财产都应当追加分配。

2. 追加分配的执行者。追加分配的执行者是人民法院。因为追加分配发生在破产程序终结后，这时破产管理人已经解任，当然无法再进行追加分配工作。人民法院在这一阶段的工作主要包括：追回破产财产、决定是否进行追加分配以及分配已追回的或逾期受领的提存分配财产。如果破产企业为国有企业，破产程序终结后发现的破产企业的财产请求权，由破产企业的上级主管部门行使。

二、破产费用与共益债务的范围

（一）破产费用的范围

《企业破产法》第41条规定了破产费用的范围。

1. 破产案件的诉讼费用：包括案件受理费和其他诉讼费用，具体的受理费用标准准用民事诉讼法的有关规定。

2. 管理、变价和分配债务人财产的费用：①债务人财产保管费用；②债务人财产保养、维修费用；③债务人财产保险费；④债务人财产评估费；⑤债务人财产的拍卖费用；⑥债务人财产权变更权属过程应当支付的费用；⑦购买有关财务和支付票证费用；⑧债务人财产运输费用。

3. 管理人执行职务的费用、报酬和聘用工作人员的费用。

（二）共益债务的范围

《企业破产法》第42条规定了共益债务的范围。

1. 因管理人或者债务人请求对方当事人履行双方均未履行完毕的合同所产生的债务。债务人与他人订立的双务合同于破产程序开始前已经有效成立而双方未履行完毕时，法律并未赋予相对人以当然解除合同的权利，因此管理人有权要求其继续履行。如果管理人要求相对人履行而不为对待给付或对其权利给予充分保护时，对方当事人会行使同时履行抗辩权或不安抗辩权而拒绝履行。为使双务合同当事人的利益得到保护，使管理人能达到履行双务合同的目的，各国法律均规定，双务合同的对待债务为共益债务。

2. 债务人财产受无因管理所产生的债务。按照民法的一般原理，虽无法定或约定的义务，为避免他人利益受损失而进行管理或者服务的，有权要求受益人偿付因此而支出的必要费用。该原则适用于破产程序中对债务人进行无因管理的情形。第三人虽无法律上或合同上的义务，但对债务人的财产或事务进行管理或服务的该第三人为此所支出的必要费用或负担的债务及所受的损害为共益债权，由债务人的财产中随时支付。但应该注意的是，该无因管理必须发生于破产程序开始之后方为共益债权，若发生于破产程序开始之前，只能作为一般债权而依破产程序受偿。

3. 因债务人不当得利所产生的债务。不当得利是指没有合法根据而使他人受损，自己受益的行为。不当得利为债权产生的根据，受到损害的人有权要求获得不当利益的人返还该不当得利。受损人为债权人，而受益人为债务人。这一民法原则适用于破产制度。若债务人无法律上的原因获得利益而致使他人受到损害时，应将该不当得利返还给受损人，受损人因此而产生的对不当得利的返还请求权为共益债权。但是，债务人的不当得利必须发生于破产程序开始之后，才能列为破产债权。若受损人的不当得利的返还请求权发生于破产程序开始之前，则为一般破产债权，只能依破产程序行使权利。在破产程序开始后，债务人取得不当得利，使债务人的财产增加对所有债权人均有利，故因此产生的债务理应列为共益债务而从破产企业财产中随时支付。例如，无效合同的对方当事人在破产程序后向债务人履行债务时，债务人应将因此而产生的利益作为共益债务，返还给对方当事人。

4. 为债务人继续营业而应支付的劳动报酬和社会保险费用以及由此产生的其他债务。人民法院受理破产案件后，为债务人的继续营业而应支付的劳动报酬和社会保险费用，是为全体债权人的共同利益，因此，应当列为破产共益债务。

5. 管理人或者相关人员执行职务致人损害所产生的债务。在破产程序的进行过程中，管理人、债权人委员会等均为破产债权人的共同利益而执行职务，其与执行职务有关的行为产生的后果，应由债务人负担。管理人、债权人委员会等在执行职务时，因故意或过失造成第三人人身或财产损害的，应负赔偿责任。该赔偿责任为共益债务，但管理人或监查人应与债务人负连带赔偿责任。如果管理人或监查人因故意或过失造成他人财产或人身伤害与执行职务无关时，虽在执行职务期间，也应由其个人负责，而不应列为共益债权。

6. 债务人财产致人损害所产生的债务。债务人财产致人损害包括导致他人的人身伤害和财产损失，债务人都应当承担赔偿责任。

三、破产费用与共益债务的清偿

（一）清偿的一般原则

1. 优先偿付。优先偿付是指破产费用和共益债务应优先于破产债权得到满足，即破产费用与共益债务的请求权人享有优先于破产债权人受偿的地位。

2. 随时偿付。随时偿付是指破产费用和共益债务应不依破产分配程序，根据破产案件处理需要随时得到满足。不论破产程序进行到哪个阶段，均应随时满足该费用和债务的需求。清算组应对破产费用和共益债务进行及时的调查、核实和确认，并及时做出处理。

3. 足额偿付。足额偿付是指破产费用和共益债务花费和欠负，应全额拨付和清偿，如果不能足额拨付或清偿，破产程序应当即时终结。

（二）破产费用与共益债务的清偿顺序

破产费用与共益债务均是以债务人财产为清偿对象的，并享有优先于其他债权的受偿权。

《企业破产法》第 43 条规定："破产费用和共益债务由债务人财产随时清偿。债务人财产不足以清偿所有破产费用和共益债务的，先行清偿破产费用。债务人财产不足以清偿所有破产费用或者共益债务的，按照比例清偿。债务人财产不足以清偿破产费用的，管理人应当提请人民法院终结破产程序。人民法院应当自收到请求之日起 15 日内裁定终结破产程序，并予以公告。"债务人财产虽然不足以支付所有破产费用和共益债务，但是破产案件的债权人、管理人、债务人的出资人或者其他利害关系人愿意垫付相关费用的，经人民法院同意，破产程序可以继续进行。这样可以避免因债务人财产不足，反而使债务人或其董事、监事、经理等高级管理人员的转移财产、逃避债务等违法行为逃脱法律制裁。

在债权人或债务人等提出破产清算申请时，即发现破产人财产不足以支付破产费用、无财产可供分配的，人民法院在确认其属实之后，应当受理破产案件，并作出破产宣告，同时作出终结破产程序的裁定，不应拒绝受理破产案件。这样可使当事人的债权债务关系得以合法终结，使债务人依法退出市场。

第四节　破产程序终结

一、破产程序终结的原因

破产程序终结的原因是指引起破产程序终结的法律事实。由于债务人自身情况、破产财产的状况和破产预防程序的法律构造的不同，各国破产立法关于破产程序终结原因的规定也有所不同。日本《破产法》和德国《破产法》大多将破产程序终结的原因分为破产分配终结、因强制和解的成立而终结和因破产废止而终结。我国台湾地区"破产法"也将破产程序的终结分为三种情况：一是因和解成立而终结；二是因最终分配而终结；三是因法院裁定宣告破产终止而终结。我国《企业破产法》规定的破产终结原因有五种。

（一）因破产财产不足以支付破产费用而终结

破产程序因破产财团财产的不足而终结，是各国破产立法的通例。根据我国《企业破产法》第 43 条第 4 款规定："债务人财产不足以清偿破产费用的，管理人应当提请人民法院终结破产程序。人民法院应当自收到请求之日起 15 日内裁定终结破产程序，并予以公告。"破产费用应当在破产分配实施之前从破产财产中优先拨付。如果破产财产的数额不足以支付破产费用，破产债权人的债权就根本不可能再从破产财产中得到任何分配。此时，破产程序继续进行既不可能，也无实益。从维护债权人利益、维护社会公益和节省法院财力、人力的角度考虑，法院理当裁定终结破产程序。

（二）因全体债权人同意而终结

《企业破产法》第 105 条规定："人民法院受理破产申请后，债务人与全体债权人就债权债务的处理自行达成协议的，可以请求人民法院裁定认可，并终结破产程序。"破产程序因债权人同意而废止是大陆法系国家常见的做法。破产债权人作出同意的性质，国外法学界一般认为是对法院作出的放弃继续进行破产程序，但不放弃债权的意思表示。法院接到破产人提出的同意废止（或终止）的申请后，应对申请是否符合条件进行全面的审查，并将申请予以公告。破产债权人在一定的期间内可以对废止（或终止）申请提出异议。异议的事由通常为欠缺对破产废止同意的条件、在同意的条件上存在意思表示的瑕疵等。异议期满后，法院在听取破产人、管财人和异议债权人的意见后，作出是否同意废止（或终止）的决定。该决定一旦确定，就发生与作出破产程序的终结决定相同的法律效力。

（三）因债权得到全部清偿而终结

《企业破产法》第 108 条规定："破产宣告前，有下列情形之一的，人民法院应当裁定终结破产程序，并予以公告：①第三人为债务人提供足额担保或者为债务人清偿全部到期债务的；②债务人已清偿全部到期债务的。"债权人得到全部清偿或足额担保，破产程序就没有必要再进行下去，人民法院应当依职权裁定终结破产程序，并予以公告。

（四）因没有财产可供分配而终结

《企业破产法》第 120 条第 1 款规定："破产人无财产可供分配的，管理人应当请求人民法院裁定终结破产程序。"债务人无财产的原因，是原来预想应当存在的财产并不存在，或该财产的价值已经丧失。没有财产可供分配，破产程序已没有继续进行下去的必要，管理人应当请求人民法院裁定终结破产程序，裁定一经作出，破产程序即告终结。

（五）因破产财产分配完毕而终结

《企业破产法》第120条第2款规定："管理人在最后分配完结后，应当及时向人民法院提交破产财产分配报告，并提请人民法院裁定终结破产程序。"破产程序进行过程中，如果没有成立和解，也没有其他特殊情形，通常以破产财产被分配完毕而结束，这是破产程序终结中最常见、最基本的方式。在破产财产最后分配完结后，管理人应当申请人民法院裁定终结破产程序，破产程序随人民法院的裁定而终结。

二、破产程序终结的程序

（一）法院裁定

1. 破产宣告前：因破产财产不足以支付破产费用而终结，因全体债权人同意而终结，因债权得到全部清偿而终结这三种情况，都是在破产宣告前发生的。破产程序的终结阻止了破产宣告的发生，债务人的法人人格继续存在，并恢复对财产的管理处分权，对其未清偿的债权承担继续清偿的责任。

（1）因破产财产不足以支付破产费用而终结：管理人应当提请人民法院终结破产程序。人民法院应当自收到请求之日起15日内裁定终结破产程序，并予以公告。

（2）因全体债权人同意而终结：债务人与全体债权人就债权债务的处理自行达成协议的，可以请求人民法院裁定认可，并终结破产程序。

（3）因债权得到全部清偿而终结：人民法院应当依职权裁定终结破产程序，并予以公告。

2. 破产宣告后：因没有财产可供分配而终结和因破产财产分配完毕而终结，这两种情况是发生在破产宣告后。破产程序因债务人无财产可供分配或者破产财产分配完毕而终结的，债务人的法人人格归于消灭，债权人未得到清偿的债权不再清偿，债权人不能于破产程序终结后向债务人另行主张权利。除存在诉讼或仲裁未决的情况，管理人也将终止执行职务。人民法院应当自收到管理人终结破产程序的请求之日起15日内作出是否终结破产程序的裁定。裁定终结的，应当予以公告。

（二）注销登记

注销登记是企业法人消亡的法定程序，是终止企业法人的权利能力与行为能力的法律形式。《企业破产法》第 121 条规定："管理人应当自破产程序终结之日起 10 日内，持人民法院终结破产程序的裁定，向破产人的原登记机关办理注销登记。"

三、破产终结的效力

1. 对于破产人的效力。由于我国现行的破产法律仅适用于企业法人，因此，在破产宣告后，破产程序因分配完毕和破产财产不足支付破产费用而终结后，法人的主体资格归于消灭，其所负剩余债务当然免除。

2. 对于破产债权人的效力。由于破产程序终结后破产企业的主体资格归于消灭，债权人未得到分配的债权，于破产终结裁定作出后视为消灭。破产债权人不能于程序结束后向债务人另行主张权利。和解协议实现后，和解债权人于达成和解协议时所免除的部分债权，在整顿成功后亦不得向债务人再行索要。但是，破产程序终结后，债权人对破产企业的保证人、连带债务人等享有的权利，原则上不受影响。被保证人（主债务企业）破产，债权人固然可以通过破产还债程序实现其债权。然而，在实践中罕有破产债权人的债权靠破产财产获得足额满足的情况。既然保证制度的目的在于促进经济活动当事人建立债权债务关系，督促债务人履行义务，从而使债权人的利益得以实现，那么，债务人的破产便不能免除保证人的责任。债权人依破产程序未受全额清偿时，可以就不足部分向保证人主张权利。《企业破产法》第 124 条规定："破产人的保证人和其他连带债务人，在破产程序终结后，对债权人依照破产清算程序未受清偿的债权，依法继续承担清偿责任。"

3. 对破产机构的效力。破产程序终结后，破产管理人、债权人会议等破产机构宣布解散，但破产管理人如有关于破产财产的未完结的诉讼、债权确认诉讼或者对债权分配表等异议之诉等遗留事务时，仍须对破产财产进行管理和处分。《企业破产法》第 122 条规定："管理人于办理注销登记完毕的次日终止执行职务。但是，存在诉讼或者仲裁未决情况的除外。"

思考题

1. 简述破产清算的概念与特征。
2. 简述破产财产分配的概念与特征。
3. 简述破产费用与共益债务的概念与特征。
4. 简述破产费用与共益债务清偿的原则与顺序。
5. 简述破产程序终结的原因。

第十二章

第 *13* 章
破产法律责任

【学习目的与要求】   在破产程序中，各个主体必须依法履行其职责，承担其法定义务，否则将会产生一定的法律责任，既有民事责任、行政责任，又有刑事责任。我国《企业破产法》就相关主体法律责任的规定主要体现在第 125 条到第 131 条，共 7 个条文。在研习过程中，需要重点掌握破产程序中，不同主体违法行为所产生的法律责任，尤其是民事责任。同时结合我国刑法相关规定，对涉及破产的刑事犯罪也应当有所了解。

第一节 破产法律责任概述

一、破产程序中法律责任概说

法律责任，是主体因违反法律规定或当事人约定的义务而应承担的法律后果。在破产程序中，有关主体违反法律规定的义务应当承担的法律责任，根据其性质和危害程度不同，既有民事责任、行政责任，又有刑事责任。

但是就三种法律责任在市场经济中的作用发挥来看，随着社会主义市场经济体制改革的不断深入，在政企分离、逐步建立现代企业制度的企业改革方针下，现代企业已经成为一个独立的市场主体，行政隶属关系大大淡化，只是某些国有独资或国有控股企业的高管人员依然还具有一定的行政身份，需要承担一定的行政责任，但这些都会随着市场经济体制改革的深入而发生转变，作为国有出资人代表的企业高管人员应当同其他市场人员一样，主要为其行为承担民事责任和刑事责任。在市场经济条件下，行政责任应当从破产法律责任的类型中逐步淡出，至少不应成为主要的法律责任类型。我国现行《企业破产法》顺应了这一改革趋势，在"法律责任"一章中主要规定了有关主体的民事责任、刑事责任，以及法院在破产程序中的强制措施等内容。

二、破产程序中法律责任的立法例

就破产程序中有关主体的法律责任的立法例来看，有些国家在其破产法中并未采取专章式的立法例，而是分散的规定在不同章节。有些国家的破产法则以专章式的立法例，对法律责任问题进行集中的规定，如法国《商法典》第六卷第二编第六章"欺诈破产罪及其他违法行为"，日本《破产法》第十四章"罚则"。我国《企业破产法》也采取专章式的立法例设置了第十一章"法律责任"，对有关主体的法律责任进行了专门规定。同时，在该法第一章"总则"第6条还原则性的规定了："人民法院审理破产案件，应当依法保障企业职工的合法权益，依法追究破产企业经营管理人员的法律责任。"

第二节 破产民事责任

民事责任是破产程序中有关主体违法行为所应当承担的主要责任形式，并且这一责任形式的承担，对受损害者而言，能够使其获得更为"有效"、"实惠"的救济。我国旧破产法以及其他的法律在责任形式上，一直奉行重行政、刑事责任，轻民事责任的传统，然而可喜的是，随着我国法制建设的不断深入，法治观念、私权观念的不断加强，这一立法传统已经发生了一定的转变，相关主体的民事责任在有关立法中得到了充分的重视。我国现行《企业破产法》也充分体现了这一转变。具体来讲，我国《企业破产法》关于相关主体的民事责任主要有以下几个方面：

一、债务人的董事、监事以及高级管理人员的民事责任

我国《企业破产法》第125条第1款规定："企业董事、监事或者高级管理人员违反忠实义务、勤勉义务，致使所在企业破产的，依法承担民事责任。"企业的董事、监事和高级管理人员直接负责着企业的生产经营活动，其应当按照法律的规定和公司章程以及股东会决议赋予的权利开展生产经营管理活动。

依公司法上"两权分离"理论以及"委托—代理"理论，股东是公司资产的最终所有者，行使资产所有者权利；而董事、监事和高级管理人员是公司的经营管理者，行使经营管理权，他们之间形成"委托—代理"关系，作为受托

第十三章

人的董事、监事和高级管理人员在经营管理活动中，必须对公司以及公司股东尽到忠实义务和勤勉义务。这一点，我国《公司法》作出了明确的规定，该法第 148 条规定："董事、监事、高级管理人员应当遵守法律、行政法规和公司章程，对公司负有忠实义务和勤勉义务。董事、监事、高级管理人员不得利用职权收受贿赂或者其他非法收入，不得侵占公司的财产。"

所谓忠实义务，是要求董事、监事和高级管理人员在履行职务时，应当维护企业利益，不得作出损害企业以及股东利益的行为，在发生利益冲突时，不得将其个人利益凌驾于企业以及企业股东利益之上。关于董事和高级管理人员的忠实义务，我国《公司法》亦作出了具体的规定，该法第 149 条规定："董事、高级管理人员不得有下列行为：①挪用公司资金；②将公司资金以其个人名义或者以其他个人名义开立账户存储；③违反公司章程的规定，未经股东会、股东大会或者董事会同意，将公司资金借贷给他人或者以公司财产为他人提供担保；④违反公司章程的规定或者未经股东会、股东大会同意，与本公司订立合同或者进行交易；⑤未经股东会或者股东大会同意，利用职务便利为自己或者他人谋取属于公司的商业机会，自营或者为他人经营与所任职公司同类的业务；⑥接受他人与公司交易的佣金归为己有；⑦擅自披露公司秘密；⑧违反对公司忠实义务的其他行为。董事、高级管理人员违反前款规定所得的收入应当归公司所有。"

所谓勤勉义务，是要求董事、监事和高级管理人员在履行职务时，应当遵守法律、行政法规和企业章程，勤勉尽责、尽心尽力的做好企业的经营管理工作，不得玩忽职守。勤勉义务在我国《公司法》中并未以列举式的方式予以罗列，但是，通说性的观点认为其应当包括以下一些内容：①董事、监事应当亲自出席董事会或者监事会，以诚信谨慎的态度对所议事项表达明确意见；②以积极认真的态度关注公司经营与发展，及时了解并掌握公司各种动态，建言献策，推动公司经营管理；③履行有关法律法规规定及社会公认的其他勤勉义务。

关于董事、监事和高级管理人员的民事责任，我国《公司法》第 150 条也作出了明确的规定："董事、监事、高级管理人员执行公司职务时违反法律、行政法规或者公司章程的规定，给公司造成损失的，应当承担赔偿责任。"

就破产法上董事、监事和高级管理人员承担民事责任的条件来看，主要有三个：①上述人员系基于履行职务而产生的责任；②上述人员在履行职务过程中违反法律规定的其应当遵守的忠实义务和勤勉义务；③致使其任职的企业

第十三章

破产。

就董事、监事和高级管理人员承担民事责任的方式来看，主要是对企业承担返还财产、赔偿损失等民事责任。

此外，我国《企业破产法》对上述人员还规定了一个身份限制的法律责任，即在一定时期内，禁止上述人员再担任企业特定职务，该法第125条第2款规定："有前款规定情形的人员，自破产程序终结之日起3年内不得担任任何企业的董事、监事、高级管理人员。"

二、债务人实施特定行为的民事责任

通常情况下，债务人的义务就是以自身全部财产满足债权人的债权。但是当破产程序一旦启动，或者当债务人濒临破产时，其可能通过实施某些民事行为，转移财产，逃避债务，损害到债权人债权的公平实现。因此，我国破产法除了规定债务人的上述行为在法律效力上属于可撤销或无效以外，如该行为给债权人利益造成损害的，债务人的法定代表人和其他直接责任人员还要承担赔偿责任。

我国《企业破产法》第128条规定："债务人有本法第31条、第32条、第33条规定的行为，损害债权人利益的，债务人的法定代表人和其他直接责任人员依法承担赔偿责任。"该法第31条规定："人民法院受理破产申请前1年内，涉及债务人财产的下列行为，管理人有权请求人民法院予以撤销：①无偿转让财产的；②以明显不合理的价格进行交易的；③对没有财产担保的债务提供财产担保的；④对未到期的债务提前清偿的；⑤放弃债权的。"第32条规定："人民法院受理破产申请前6个月内，债务人有本法第2条第1款规定的情形，仍对个别债权人进行清偿的，管理人有权请求人民法院予以撤销。但是，个别清偿使债务人财产受益的除外。"第33条规定："涉及债务人财产的下列行为无效：①为逃避债务而隐匿、转移财产的；②虚构债务或者承认不真实的债务的。"

三、管理人的民事责任

管理人是破产程序中一个十分重要的机构，其由法院指定，负责破产财产的管理、清理、处分、变价和分配，其职务行为的履行直接关系到债务人、债权人的切身利益，因此，我国破产法明确要求管理人应当勤勉尽责，忠实执行职务（《企业破产法》第27条）。具体讲，就是要求管理人在执行职务时，应当

遵守下列要求：管理人不得因自己的身份而受益；不得收受贿赂、秘密利益或所允诺的其他好处；必须严守竞业禁止原则；非经允许不得擅自泄露破产企业的商业秘密；不得侵吞破产财产及其掌握的其他财产（如别出权的标的）；不得利用破产财团的信息和商事机会；谨慎接管债务人移交的全部财产和与财产有关的一切账册文件；认真履行对破产财产的管理处分，包括保管清理破产财产、继续经营债务人的事业等；认真履行对破产债权的调查、审查；对取回权、别除权的标的物进行善良管理；尽心处理各种诉讼、仲裁活动；依法变价和分配破产财产；向法院、债权人会议和其他利害关系人报告工作和通报信息；请求召开债权人会议；审慎选择委托提供相关服务的专业人士。

同时我国《企业破产法》在"法律责任"一章，就管理人的民事责任也作出了明确的规定，该法第130条规定："管理人未依照本法规定勤勉尽责，忠实执行职务的，人民法院可以依法处以罚款；给债权人、债务人或者第三人造成损失的，依法承担赔偿责任。"

第三节　破产刑事责任

一、破产程序中刑事责任概述及相关外国法的规定

刑事责任是因实施犯罪行为所应当承担的法律责任，是最严厉的一种法律责任类型。各国破产法与其本国刑法相配套，大都规定有在破产程序中有关主体的刑事责任问题。

（一）法国《商法典》的相关规定

法国《商法典》在第六卷第二编第六章专门规定有"欺诈破产罪及其他违法行为"。其中第626 - 2条规定："在进行司法重整或者司法清算程序的情况下，第626 - 1条所指的人，被揭发有下列行为之一的，犯有欺诈破产罪：①企图避免或者推迟司法重整程序的进行，为以低于市价的价格再出卖而进行购买，或者使用毁坏性手段获取资金；②挪用或者隐藏债务人的全部或部分资产；③虚假增加债务人的负债；④制作虚假账目，或者销毁企业或者法人的会计文件，或者在法律要求设立账目的情况下而未设立账目；⑤根据法律规定，制作的账目明显不完整或者不符合要求。"

根据该法典相关规定，犯欺诈破产罪的，处5年监禁及75 000欧元的罚金。

（二）日本《破产法》的相关规定

日本《商法典》第十四章"罚则"第265～275条，专门规定了11种罪名，对破产程序中有关主体的刑事责任进行了规定，它们分别是：第265条"破产诈骗罪"，第266条"向特定的债权人提供担保之罪"，第267条"破产财产管理人等的特别渎职罪"，第268条"拒绝说明以及检查之罪"，第269条"拒绝披露重要财产等之罪"，第270条"隐匿关于业务以及财产状况的物品等之罪"，第271条"在传唤时拒绝说明等之罪"，第272条"对于破产财产管理人等的妨害职务之罪"，第273条"受贿罪"，第274条"行贿罪"，第275条"强迫破产人等见面等之罪"。[1]

在此仅重点介绍一下"破产诈骗罪"，该法第265条规定："无论在破产程序开始前后，以损害债权人利益为目的，作出符合下列任何一项行为者，就债务人（继承财产的破产，则为继承财产。在后款也同样）破产程序开始的决定生效时处以10年以下有期徒刑或者1 000万日元以下的罚金、或者并处。知情并成为第4项所列行为的对方当事人者，在破产程序开始的决定生效时，也同样：①进行隐匿或者损害债务人的财产（继承财产的破产，则为继承财产所属的财产。在以下本条也同样）的行为；②转让债务人的财产或者假装负担债务的行为；③改变债务人财产的现状，减损其价格的行为；④以对于债权人不利形式处分债务人的财产，或者债务人以对于债权人不利的形式负担债务的行为。

除前款的规定之外，明知就债务人作出破产程序开始的决定或者作出保全管理命令的，以损害债权人利益为目的，不具有破产财产管理人的承诺及其他正当理由而取得债务人的财产或者使第三人取得者，与该款相同。"

二、我国立法的相关规定

我国《企业破产法》第131条规定："违反本法规定，构成犯罪的，依法追究刑事责任。"根据我国刑法相关规定，与公司、企业破产关系最为密切的刑事犯罪主要有以下几种：

（一）妨害清算犯罪

妨害清算罪，是指在公司、企业进行清算时，隐匿财产，对资产负债表或者财产清单作虚假记载或者在未清偿债务前分配公司、企业财产，严重损害债

---

〔1〕 李飞主编：《当代外国破产法》，中国法制出版社2006年版，第839～844页。

权人或其他人利益的行为。根据我国《刑法》第 162 条的规定，本罪的犯罪构成如下：

1. 犯罪主体。本罪的犯罪主体是特殊主体，即进行清算的公司、企业法人，如果管理人与公司、企业相勾结共同实施犯罪行为的，以共同犯罪追究其刑事责任。

2. 犯罪的主观方面。本罪行为人在主观上为故意，过失不构成本罪。

3. 犯罪客体。本罪所侵害的直接客体为他人合法的财产利益。

4. 犯罪的客观方面。本罪行为人在客观上实施了隐匿财产，对资产负债表或财产清单作虚假记载或在未清偿债务前分配公司、企业财产的行为。

5. 行为人的行为只有严重损害债权人或者其他人的利益，才构成犯罪，这是区分罪与非罪的界限。所谓"严重损害债权人的利益"，是指犯罪行为使本应得到清偿的债权人的巨额债权无法得到清偿等。所谓"严重损害其他人的利益"是指严重损害债权人以外其他人的利益，如造成公司、企业长期拖欠职工工资和劳动保险等、使国家巨额税款得不到清偿等情形。

构成本罪的，对其直接负责的主管人员和其他直接责任人员，处 5 年以下有期徒刑或者拘役，并处或者单处 2 万元以上 20 万元以下罚金。

（二）虚假破产罪

虚假破产罪，是指公司、企业通过隐匿财产、承担虚构的债务或者以其他方法转移、处分财产，实施虚假破产，严重损害债权人或者其他人利益的行为。根据我国《刑法》第 162 条［《刑法修正案（六）》第 6 条］相关规定，本罪的犯罪构成如下：

1. 犯罪主体。本罪的犯罪主体是特殊主体，即实施虚假破产的公司、企业法人，如果管理人与公司、企业相勾结共同实施犯罪行为的，以共同犯罪追究其刑事责任。

2. 犯罪的主观方面。本罪行为人在主观上为故意，过失不构成本罪。

3. 犯罪客体。本罪所侵害的直接客体为他人合法的财产利益。

4. 犯罪的客观方面。本罪行为人在客观上实施了通过隐匿财产、承担虚构的债务或以其他方法转移、处分财产，实施虚假破产的行为。

5. 行为人的行为只有严重损害债权人或者其他人的利益，才构成犯罪，这是区分罪与非罪的界限。所谓"严重损害债权人的利益"，是指犯罪行为使本应得到清偿的债权人的巨额债权无法得到清偿等。所谓"严重损害其他人的利益"

是指严重损害债权人以外其他人的利益，如造成公司、企业长期拖欠职工工资和劳动保险等、使国家巨额税款得不到清偿等情形。

构成本罪的，对其直接负责的主管人员和其他直接责任人员，处5年以下有期徒刑或者拘役，并处或者单处2万元以上20万元以下罚金。

（三）国有公司、企业、事业单位人员失职罪或滥用职权犯罪

国有公司、企业、事业单位人员失职罪或滥用职权犯罪，是指国有公司、企业、事业单位人员，因严重不负责任或滥用职权，造成国有公司、企业破产或者严重损失，致使国家利益遭受重大损失的行为。根据我国《刑法》第168条相关规定，本罪的犯罪构成如下：

1. 犯罪主体。本罪的犯罪主体是特殊主体，即国有公司、企业、事业单位的工作人员。

2. 犯罪的主观方面。本罪行为人在主观上为过失。

3. 犯罪客体。本罪所侵害的直接客体为国家财产利益。

4. 犯罪的客观方面。本罪行为人在客观上实施了严重不负责任或滥用职权，造成国有公司、企业破产或者严重损失，致使国家利益遭受重大损失的行为。

5. 行为人的行为只有使国家利益遭受重大损失，才构成犯罪，这是区分罪与非罪的界限。

构成本罪的，对国有公司、企业、事业单位人员处3年以下有期徒刑或者拘役；致使国家利益遭受特别重大损失的，处3年以上7年以下有期徒刑。

此外在企业破产过程中还可能涉及其他刑事犯罪，如贪污犯罪、渎职犯罪、贿赂犯罪等，在此就不一一列举了。

第四节　破产程序中法院的强制措施

人民法院在审理破产案件时，对于妨碍破产程序顺利进行的有关主体可以采取一定的司法强制措施，包括：拘传、训诫、罚款、拘留，以保障破产程序的顺利进行。我国《企业破产法》在"法律责任"一章就破产程序中人民法院对有关主体和人员的司法强制措施也作了明确的规定。

一、对债务人的有关人员拒绝履行列席债权人会议或者陈述、回答义务的强制措施

我国《企业破产法》第 126 条规定："有义务列席债权人会议的债务人的有关人员，经人民法院传唤，无正当理由拒不列席债权人会议的，人民法院可以拘传，并依法处以罚款。债务人的有关人员违反本法规定，拒不陈述、回答，或者作虚假陈述、回答的，人民法院可以依法处以罚款。"

在该条中，"债务人的有关人员"主要是指债务人的法定代表人（董事长、执行董事、总经理）、财务管理人员以及其他经营管理人员。上述人员熟悉公司、企业生产经营状况和财务状况，对全面、真实了解公司财产状况，查清公司、企业破产原因，追究相关主体的法律责任具有重要意义。因此，《企业破产法》第 15 条规定，自人民法院受理破产申请的裁定送达债务人之日起至破产程序终结之日，债务人的有关人员承担下列义务：①妥善保管其占有和管理的财产、印章和账簿、文书等资料；②根据人民法院、管理人的要求进行工作，并如实回答询问；③列席债权人会议并如实回答债权人的询问。

二、对债务人拒绝履行提交相关资料或者拒绝移交财产、相关资料等义务的强制措施

我国《企业破产法》第 127 条规定："债务人违反本法规定，拒不向人民法院提交或者提交不真实的财产状况说明、债务清册、债权清册、有关财务会计报告以及职工工资的支付情况和社会保险费用的缴纳情况的，人民法院可以对直接责任人员依法处以罚款。债务人违反本法规定，拒不向管理人移交财产、印章和账簿、文书等资料的，或者伪造、销毁有关财产证据材料而使财产状况不明的，人民法院可以对直接责任人员依法处以罚款。"《企业破产法》对于债务人在破产程序中明确规定了一定的法律义务，如债务人在提出破产申请时，应当向人民法院提交财产状况说明、债务清册、债权清册、有关财务会计报告、职工安置预案以及职工工资的支付和社会保险费用的缴纳情况。人民法院在指定了管理人后，管理人应当履行的职责之一就是接管债务人的财产、印章和账簿、文书等资料，因此，这对债务人而言，则是其一项法定义务，对违反该义务的，人民法院可以采取罚款的司法强制措施，以促使债务人履行相关法定义务。

三、对债务人的有关人员擅自离开住所地的强制措施

我国《企业破产法》第 129 条规定："债务人的有关人员违反本法规定，擅自离开住所地的，人民法院可以予以训诫、拘留，可以依法并处罚款。"破产工作复杂、专业，许多工作都必须债务人的有关人员的协助、配合方可顺利进行，因此，我国《企业破产法》第 15 条明确规定，自人民法院受理破产申请的裁定送达债务人之日起至破产程序终结之日，债务人的有关人员未经人民法院许可，不得离开住所地。对这一法定义务的违反，人民法院可采取训诫、拘留，并可以依法并处罚款。

第十三章

思考题

1. 简述破产程序中管理人的民事责任。
2. 试论述破产程序中相关主体的民事责任。
3. 简述妨害清算罪的概念及其犯罪构成条件。
4. 简述虚假破产罪的概念及其犯罪构成条件。
5. 试论述在破产程序中人民法院可以分别采取哪些强制措施。

附录:

中华人民共和国企业破产法

2006 年 8 月 27 日第十届全国人民代表大会常务委员会第二十三次会议通过　2006 年 8 月 27 日中华人民共和国主席令 54 号公布　自 2007 年 6 月 1 日起施行

第一章　总　则

第一条　为规范企业破产程序,公平清理债权债务,保护债权人和债务人的合法权益,维护社会主义市场经济秩序,制定本法。

第二条　企业法人不能清偿到期债务,并且资产不足以清偿全部债务或者明显缺乏清偿能力的,依照本法规定清理债务。

企业法人有前款规定情形,或者有明显丧失清偿能力可能的,可以依照本法规定进行重整。

第三条　破产案件由债务人住所地人民法院管辖。

第四条　破产案件审理程序,本法没有规定的,适用民事诉讼法的有关规定。

第五条　依照本法开始的破产程序,对债务人在中华人民共和国领域外的财产发生效力。

对外国法院作出的发生法律效力的破产案件的判决、裁定,涉及债务人在中华人民共和国领域内的财产,申请或者请求人民法院承认和执行的,人民法院依照中华人民共和国缔结或者参加的国际条约,或者按照互惠原则进行审查,认为不违反中华人民共和国法律的基本原则,不损害国家主权、安全和社会公共利益,不损害中华人民共和国领域内债权人的合法权益的,裁定承认和执行。

第六条　人民法院审理破产案件,应当依法保障企业职工的合法权益,依法追究破产企业经营管理人员的法律责任。

第二章 申请和受理

第一节 申 请

第七条 债务人有本法第二条规定的情形，可以向人民法院提出重整、和解或者破产清算申请。

债务人不能清偿到期债务，债权人可以向人民法院提出对债务人进行重整或者破产清算的申请。

企业法人已解散但未清算或者未清算完毕，资产不足以清偿债务的，依法负有清算责任的人应当向人民法院申请破产清算。

第八条 向人民法院提出破产申请，应当提交破产申请书和有关证据。

破产申请书应当载明下列事项：

（一）申请人、被申请人的基本情况；

（二）申请目的；

（三）申请的事实和理由；

（四）人民法院认为应当载明的其他事项。

债务人提出申请的，还应当向人民法院提交财产状况说明、债务清册、债权清册、有关财务会计报告、职工安置预案以及职工工资的支付和社会保险费用的缴纳情况。

第九条 人民法院受理破产申请前，申请人可以请求撤回申请。

第二节 受 理

第十条 债权人提出破产申请的，人民法院应当自收到申请之日起五日内通知债务人。债务人对申请有异议的，应当自收到人民法院的通知之日起七日内向人民法院提出。人民法院应当自异议期满之日起十日内裁定是否受理。

除前款规定的情形外，人民法院应当自收到破产申请之日起十五日内裁定是否受理。

有特殊情况需要延长前两款规定的裁定受理期限的，经上一级人民法院批准，可以延长十五日。

第十一条 人民法院受理破产申请的，应当自裁定作出之日起五日内送达申请人。

债权人提出申请的，人民法院应当自裁定作出之日起五日内送达债务人。债务人应当自裁定送达之日起十五日内，向人民法院提交财产状况说明、债务清册、债权清册、有关财务会计报告以及职工工资的支付和社会保险费用的缴纳情况。

第十二条　人民法院裁定不受理破产申请的，应当自裁定作出之日起五日内送达申请人并说明理由。申请人对裁定不服的，可以自裁定送达之日起十日内向上一级人民法院提起上诉。

人民法院受理破产申请后至破产宣告前，经审查发现债务人不符合本法第二条规定情形的，可以裁定驳回申请。申请人对裁定不服的，可以自裁定送达之日起十日内向上一级人民法院提起上诉。

第十三条　人民法院裁定受理破产申请的，应当同时指定管理人。

第十四条　人民法院应当自裁定受理破产申请之日起二十五日内通知已知债权人，并予以公告。

通知和公告应当载明下列事项：

（一）申请人、被申请人的名称或者姓名；

（二）人民法院受理破产申请的时间；

（三）申报债权的期限、地点和注意事项；

（四）管理人的名称或者姓名及其处理事务的地址；

（五）债务人的债务人或者财产持有人应当向管理人清偿债务或者交付财产的要求；

（六）第一次债权人会议召开的时间和地点；

（七）人民法院认为应当通知和公告的其他事项。

第十五条　自人民法院受理破产申请的裁定送达债务人之日起至破产程序终结之日，债务人的有关人员承担下列义务：

（一）妥善保管其占有和管理的财产、印章和账簿、文书等资料；

（二）根据人民法院、管理人的要求进行工作，并如实回答询问；

（三）列席债权人会议并如实回答债权人的询问；

（四）未经人民法院许可，不得离开住所地；

（五）不得新任其他企业的董事、监事、高级管理人员。

前款所称有关人员，是指企业的法定代表人；经人民法院决定，可以包括企业的财务管理人员和其他经营管理人员。

第十六条　人民法院受理破产申请后，债务人对个别债权人的债务清偿无效。

第十七条 人民法院受理破产申请后，债务人的债务人或者财产持有人应当向管理人清偿债务或者交付财产。

债务人的债务人或者财产持有人故意违反前款规定向债务人清偿债务或者交付财产，使债权人受到损失的，不免除其清偿债务或者交付财产的义务。

第十八条 人民法院受理破产申请后，管理人对破产申请受理前成立而债务人和对方当事人均未履行完毕的合同有权决定解除或者继续履行，并通知对方当事人。管理人自破产申请受理之日起二个月内未通知对方当事人，或者自收到对方当事人催告之日起三十日内未答复的，视为解除合同。

管理人决定继续履行合同的，对方当事人应当履行；但是，对方当事人有权要求管理人提供担保。管理人不提供担保的，视为解除合同。

第十九条 人民法院受理破产申请后，有关债务人财产的保全措施应当解除，执行程序应当中止。

第二十条 人民法院受理破产申请后，已经开始而尚未终结的有关债务人的民事诉讼或者仲裁应当中止；在管理人接管债务人的财产后，该诉讼或者仲裁继续进行。

第二十一条 人民法院受理破产申请后，有关债务人的民事诉讼，只能向受理破产申请的人民法院提起。

第三章 管 理 人

第二十二条 管理人由人民法院指定。

债权人会议认为管理人不能依法、公正执行职务或者有其他不能胜任职务情形的，可以申请人民法院予以更换。

指定管理人和确定管理人报酬的办法，由最高人民法院规定。

第二十三条 管理人依照本法规定执行职务，向人民法院报告工作，并接受债权人会议和债权人委员会的监督。

管理人应当列席债权人会议，向债权人会议报告职务执行情况，并回答询问。

第二十四条 管理人可以由有关部门、机构的人员组成的清算组或者依法设立的律师事务所、会计师事务所、破产清算事务所等社会中介机构担任。

人民法院根据债务人的实际情况，可以在征询有关社会中介机构的意见后，指定该机构具备相关专业知识并取得执业资格的人员担任管理人。

有下列情形之一的，不得担任管理人：

（一）因故意犯罪受过刑事处罚；

（二）曾被吊销相关专业执业证书；

（三）与本案有利害关系；

（四）人民法院认为不宜担任管理人的其他情形。

个人担任管理人的，应当参加执业责任保险。

第二十五条　管理人履行下列职责：

（一）接管债务人的财产、印章和账簿、文书等资料；

（二）调查债务人财产状况，制作财产状况报告；

（三）决定债务人的内部管理事务；

（四）决定债务人的日常开支和其他必要开支；

（五）在第一次债权人会议召开之前，决定继续或者停止债务人的营业；

（六）管理和处分债务人的财产；

（七）代表债务人参加诉讼、仲裁或者其他法律程序；

（八）提议召开债权人会议；

（九）人民法院认为管理人应当履行的其他职责。

本法对管理人的职责另有规定的，适用其规定。

第二十六条　在第一次债权人会议召开之前，管理人决定继续或者停止债务人的营业或者有本法第六十九条规定行为之一的，应当经人民法院许可。

第二十七条　管理人应当勤勉尽责，忠实执行职务。

第二十八条　管理人经人民法院许可，可以聘用必要的工作人员。

管理人的报酬由人民法院确定。债权人会议对管理人的报酬有异议的，有权向人民法院提出。

第二十九条　管理人没有正当理由不得辞去职务。管理人辞去职务应当经人民法院许可。

第四章　债务人财产

第三十条　破产申请受理时属于债务人的全部财产，以及破产申请受理后至破产程序终结前债务人取得的财产，为债务人财产。

第三十一条　人民法院受理破产申请前一年内，涉及债务人财产的下列行为，管理人有权请求人民法院予以撤销：

（一）无偿转让财产的；

（二）以明显不合理的价格进行交易的；

（三）对没有财产担保的债务提供财产担保的；

（四）对未到期的债务提前清偿的；

（五）放弃债权的。

第三十二条　人民法院受理破产申请前六个月内，债务人有本法第二条第一款规定的情形，仍对个别债权人进行清偿的，管理人有权请求人民法院予以撤销。但是，个别清偿使债务人财产受益的除外。

第三十三条　涉及债务人财产的下列行为无效：

（一）为逃避债务而隐匿、转移财产的；

（二）虚构债务或者承认不真实的债务的。

第三十四条　因本法第三十一条、第三十二条或者第三十三条规定的行为而取得的债务人的财产，管理人有权追回。

第三十五条　人民法院受理破产申请后，债务人的出资人尚未完全履行出资义务的，管理人应当要求该出资人缴纳所认缴的出资，而不受出资期限的限制。

第三十六条　债务人的董事、监事和高级管理人员利用职权从企业获取的非正常收入和侵占的企业财产，管理人应当追回。

第三十七条　人民法院受理破产申请后，管理人可以通过清偿债务或者提供为债权人接受的担保，取回质物、留置物。

前款规定的债务清偿或者替代担保，在质物或者留置物的价值低于被担保的债权额时，以该质物或者留置物当时的市场价值为限。

第三十八条　人民法院受理破产申请后，债务人占有的不属于债务人的财产，该财产的权利人可以通过管理人取回。但是，本法另有规定的除外。

第三十九条　人民法院受理破产申请时，出卖人已将买卖标的物向作为买受人的债务人发运，债务人尚未收到且未付清全部价款的，出卖人可以取回在运途中的标的物。但是，管理人可以支付全部价款，请求出卖人交付标的物。

第四十条　债权人在破产申请受理前对债务人负有债务的，可以向管理人主张抵销。但是，有下列情形之一的，不得抵销：

（一）债务人的债务人在破产申请受理后取得他人对债务人的债权的；

（二）债权人已知债务人有不能清偿到期债务或者破产申请的事实，对债务人负担债务的；但是，债权人因为法律规定或者有破产申请一年前所发生的原因而负担债务的除外；

（三）债务人的债务人已知债务人有不能清偿到期债务或者破产申请的事实，对债务人取得债权的；但是，债务人的债务人因为法律规定或者有破产申请一年前所发生的原因而取得债权的除外。

第五章　破产费用和共益债务

第四十一条　人民法院受理破产申请后发生的下列费用，为破产费用：

（一）破产案件的诉讼费用；

（二）管理、变价和分配债务人财产的费用；

（三）管理人执行职务的费用、报酬和聘用工作人员的费用。

第四十二条　人民法院受理破产申请后发生的下列债务，为共益债务：

（一）因管理人或者债务人请求对方当事人履行双方均未履行完毕的合同所产生的债务；

（二）债务人财产受无因管理所产生的债务；

（三）因债务人不当得利所产生的债务；

（四）为债务人继续营业而应支付的劳动报酬和社会保险费用以及由此产生的其他债务；

（五）管理人或者相关人员执行职务致人损害所产生的债务；

（六）债务人财产致人损害所产生的债务。

第四十三条　破产费用和共益债务由债务人财产随时清偿。

债务人财产不足以清偿所有破产费用和共益债务的，先行清偿破产费用。

债务人财产不足以清偿所有破产费用或者共益债务的，按照比例清偿。

债务人财产不足以清偿破产费用的，管理人应当提请人民法院终结破产程序。人民法院应当自收到请求之日起十五日内裁定终结破产程序，并予以公告。

第六章　债权申报

第四十四条　人民法院受理破产申请时对债务人享有债权的债权人，依照本法规定的程序行使权利。

附
录

第四十五条 人民法院受理破产申请后，应当确定债权人申报债权的期限。债权申报期限自人民法院发布受理破产申请公告之日起计算，最短不得少于三十日，最长不得超过三个月。

第四十六条 未到期的债权，在破产申请受理时视为到期。

附利息的债权自破产申请受理时起停止计息。

第四十七条 附条件、附期限的债权和诉讼、仲裁未决的债权，债权人可以申报。

第四十八条 债权人应当在人民法院确定的债权申报期限内向管理人申报债权。

债务人所欠职工的工资和医疗、伤残补助、抚恤费用，所欠的应当划入职工个人账户的基本养老保险、基本医疗保险费用，以及法律、行政法规规定应当支付给职工的补偿金，不必申报，由管理人调查后列出清单并予以公示。职工对清单记载有异议的，可以要求管理人更正；管理人不予更正的，职工可以向人民法院提起诉讼。

第四十九条 债权人申报债权时，应当书面说明债权的数额和有无财产担保，并提交有关证据。申报的债权是连带债权的，应当说明。

第五十条 连带债权人可以由其中一人代表全体连带债权人申报债权，也可以共同申报债权。

第五十一条 债务人的保证人或者其他连带债务人已经代替债务人清偿债务的，以其对债务人的求偿权申报债权。

债务人的保证人或者其他连带债务人尚未代替债务人清偿债务的，以其对债务人的将来求偿权申报债权。但是，债权人已经向管理人申报全部债权的除外。

第五十二条 连带债务人数人被裁定适用本法规定的程序的，其债权人有权就全部债权分别在各破产案件中申报债权。

第五十三条 管理人或者债务人依照本法规定解除合同的，对方当事人以因合同解除所产生的损害赔偿请求权申报债权。

第五十四条 债务人是委托合同的委托人，被裁定适用本法规定的程序，受托人不知该事实，继续处理委托事务的，受托人以由此产生的请求权申报债权。

第五十五条 债务人是票据的出票人，被裁定适用本法规定的程序，该票据的付款人继续付款或者承兑的，付款人以由此产生的请求权申报债权。

第五十六条 在人民法院确定的债权申报期限内，债权人未申报债权的，可以在破产财产最后分配前补充申报；但是，此前已进行的分配，不再对其补充分配。

为审查和确认补充申报债权的费用，由补充申报人承担。

债权人未依照本法规定申报债权的，不得依照本法规定的程序行使权利。

第五十七条 管理人收到债权申报材料后，应当登记造册，对申报的债权进行审查，并编制债权表。

债权表和债权申报材料由管理人保存，供利害关系人查阅。

第五十八条 依照本法第五十七条规定编制的债权表，应当提交第一次债权人会议核查。

债务人、债权人对债权表记载的债权无异议的，由人民法院裁定确认。

债务人、债权人对债权表记载的债权有异议的，可以向受理破产申请的人民法院提起诉讼。

第七章 债权人会议

第一节 一般规定

第五十九条 依法申报债权的债权人为债权人会议的成员，有权参加债权人会议，享有表决权。

债权尚未确定的债权人，除人民法院能够为其行使表决权而临时确定债权额的外，不得行使表决权。

对债务人的特定财产享有担保权的债权人，未放弃优先受偿权利的，对于本法第六十一条第一款第七项、第十项规定的事项不享有表决权。

债权人可以委托代理人出席债权人会议，行使表决权。代理人出席债权人会议，应当向人民法院或者债权人会议主席提交债权人的授权委托书。

债权人会议应当有债务人的职工和工会的代表参加，对有关事项发表意见。

第六十条 债权人会议设主席一人，由人民法院从有表决权的债权人中指定。

债权人会议上席主持债权人会议。

第六十一条 债权人会议行使下列职权：

（一）核查债权；

（二）申请人民法院更换管理人，审查管理人的费用和报酬；

（三）监督管理人；

（四）选任和更换债权人委员会成员；

（五）决定继续或者停止债务人的营业；

（六）通过重整计划；

（七）通过和解协议；

（八）通过债务人财产的管理方案；

（九）通过破产财产的变价方案；

（十）通过破产财产的分配方案；

（十一）人民法院认为应当由债权人会议行使的其他职权。

债权人会议应当对所议事项的决议作成会议记录。

第六十二条　第一次债权人会议由人民法院召集，自债权申报期限届满之日起十五日内召开。

以后的债权人会议，在人民法院认为必要时，或者管理人、债权人委员会、占债权总额四分之一以上的债权人向债权人会议主席提议时召开。

第六十三条　召开债权人会议，管理人应当提前十五日通知已知的债权人。

第六十四条　债权人会议的决议，由出席会议的有表决权的债权人过半数通过，并且其所代表的债权额占无财产担保债权总额的二分之一以上。但是，本法另有规定的除外。

债权人认为债权人会议的决议违反法律规定，损害其利益的，可以自债权人会议作出决议之日起十五日内，请求人民法院裁定撤销该决议，责令债权人会议依法重新作出决议。

债权人会议的决议，对于全体债权人均有约束力。

第六十五条　本法第六十一条第一款第八项、第九项所列事项，经债权人会议表决未通过的，由人民法院裁定。

本法第六十一条第一款第十项所列事项，经债权人会议二次表决仍未通过的，由人民法院裁定。

对前两款规定的裁定，人民法院可以在债权人会议上宣布或者另行通知债权人。

第六十六条　债权人对人民法院依照本法第六十五条第一款作出的裁定不服的，债权额占无财产担保债权总额二分之一以上的债权人对人民法院依照本法第六十五条第二款作出的裁定不服的，可以自裁定宣布之日或者收到通知之日起十五日内向该人民法院申请复议。复议期间不停止裁定的执行。

第二节　债权人委员会

第六十七条　债权人会议可以决定设立债权人委员会。债权人委员会由债权人会议选任的债权人代表和一名债务人的职工代表或者工会代表组成。债权人委员会成员不得超过九人。

债权人委员会成员应当经人民法院书面决定认可。

第六十八条 债权人委员会行使下列职权：

（一）监督债务人财产的管理和处分；

（二）监督破产财产分配；

（三）提议召开债权人会议；

（四）债权人会议委托的其他职权。

债权人委员会执行职务时，有权要求管理人、债务人的有关人员对其职权范围内的事务作出说明或者提供有关文件。

管理人、债务人的有关人员违反本法规定拒绝接受监督的，债权人委员会有权就监督事项请求人民法院作出决定；人民法院应当在五日内作出决定。

第六十九条 管理人实施下列行为，应当及时报告债权人委员会：

（一）涉及土地、房屋等不动产权益的转让；

（二）探矿权、采矿权、知识产权等财产权的转让；

（三）全部库存或者营业的转让；

（四）借款；

（五）设定财产担保；

（六）债权和有价证券的转让；

（七）履行债务人和对方当事人均未履行完毕的合同；

（八）放弃权利；

（九）担保物的取回；

（十）对债权人利益有重大影响的其他财产处分行为。

未设立债权人委员会的，管理人实施前款规定的行为应当及时报告人民法院。

第八章　重　整

第一节　重整申请和重整期间

第七十条 债务人或者债权人可以依照本法规定，直接向人民法院申请对债务人进行重整。

债权人申请对债务人进行破产清算的，在人民法院受理破产申请后、宣告债务人破产前，债务人或者出资额占债务人注册资本十分之一以上的出资人，可以向人民法院申请重整。

第七十一条 人民法院经审查认为重整申请符合本法规定的，应当裁定债务人重整，并予以公告。

第七十二条 自人民法院裁定债务人重整之日起至重整程序终止，为重整期间。

第七十三条 在重整期间，经债务人申请，人民法院批准，债务人可以在管理人的监督下自行管理财产和营业事务。

有前款规定情形的，依照本法规定已接管债务人财产和营业事务的管理人应当向债务人移交财产和营业事务，本法规定的管理人的职权由债务人行使。

第七十四条 管理人负责管理财产和营业事务的，可以聘任债务人的经营管理人员负责营业事务。

第七十五条 在重整期间，对债务人的特定财产享有的担保权暂停行使。但是，担保物有损坏或者价值明显减少的可能，足以危害担保权人权利的，担保权人可以向人民法院请求恢复行使担保权。

在重整期间，债务人或者管理人为继续营业而借款的，可以为该借款设定担保。

第七十六条 债务人合法占有的他人财产，该财产的权利人在重整期间要求取回的，应当符合事先约定的条件。

第七十七条 在重整期间，债务人的出资人不得请求投资收益分配。

在重整期间，债务人的董事、监事、高级管理人员不得向第三人转让其持有的债务人的股权。但是，经人民法院同意的除外。

第七十八条 在重整期间，有下列情形之一的，经管理人或者利害关系人请求，人民法院应当裁定终止重整程序，并宣告债务人破产：

（一）债务人的经营状况和财产状况继续恶化，缺乏挽救的可能性；

（二）债务人有欺诈、恶意减少债务人财产或者其他显著不利于债权人的行为；

（三）由于债务人的行为致使管理人无法执行职务。

第二节 重整计划的制定和批准

第七十九条 债务人或者管理人应当自人民法院裁定债务人重整之日起六个月内，同时向人民法院和债权人会议提交重整计划草案。

前款规定的期限届满，经债务人或者管理人请求，有正当理由的，人民法院可以裁定延期三个月。

债务人或者管理人未按期提出重整计划草案的，人民法院应当裁定终止重整程序，并宣告债务人破产。

第八十条　债务人自行管理财产和营业事务的，由债务人制作重整计划草案。

管理人负责管理财产和营业事务的，由管理人制作重整计划草案。

第八十一条　重整计划草案应当包括下列内容：

（一）债务人的经营方案；

（二）债权分类；

（三）债权调整方案；

（四）债权受偿方案；

（五）重整计划的执行期限；

（六）重整计划执行的监督期限；

（七）有利于债务人重整的其他方案。

第八十二条　下列各类债权的债权人参加讨论重整计划草案的债权人会议，依照下列债权分类，分组对重整计划草案进行表决：

（一）对债务人的特定财产享有担保权的债权；

（二）债务人所欠职工的工资和医疗、伤残补助、抚恤费用，所欠的应当划入职工个人账户的基本养老保险、基本医疗保险费用，以及法律、行政法规规定应当支付给职工的补偿金；

（三）债务人所欠税款；

（四）普通债权。

人民法院在必要时可以决定在普通债权组中设小额债权组对重整计划草案进行表决。

第八十三条　重整计划不得规定减免债务人欠缴的本法第八十二条第一款第二项规定以外的社会保险费用；该项费用的债权人不参加重整计划草案的表决。

第八十四条　人民法院应当自收到重整计划草案之日起三十日内召开债权人会议，对重整计划草案进行表决。

出席会议的同一表决组的债权人过半数同意重整计划草案，并且其所代表的债权额占该组债权总额的三分之二以上的，即为该组通过重整计划草案。

债务人或者管理人应当向债权人会议就重整计划草案作出说明，并回答询问。

第八十五条　债务人的出资人代表可以列席讨论重整计划草案的债权人会议。

重整计划草案涉及出资人权益调整事项的，应当设出资人组，对该事项进行表决。

第八十六条 各表决组均通过重整计划草案时，重整计划即为通过。

自重整计划通过之日起十日内，债务人或者管理人应当向人民法院提出批准重整计划的申请。人民法院经审查认为符合本法规定的，应当自收到申请之日起三十日内裁定批准，终止重整程序，并予以公告。

第八十七条 部分表决组未通过重整计划草案的，债务人或者管理人可以同未通过重整计划草案的表决组协商。该表决组可以在协商后再表决一次。双方协商的结果不得损害其他表决组的利益。

未通过重整计划草案的表决组拒绝再次表决或者再次表决仍未通过重整计划草案，但重整计划草案符合下列条件的，债务人或者管理人可以申请人民法院批准重整计划草案：

（一）按照重整计划草案，本法第八十二条第一款第一项所列债权就该特定财产将获得全额清偿，其因延期清偿所受的损失将得到公平补偿，并且其担保权未受到实质性损害，或者该表决组已经通过重整计划草案；

（二）按照重整计划草案，本法第八十二条第一款第二项、第三项所列债权将获得全额清偿，或者相应表决组已经通过重整计划草案；

（三）按照重整计划草案，普通债权所获得的清偿比例，不低于其在重整计划草案被提请批准时依照破产清算程序所能获得的清偿比例，或者该表决组已经通过重整计划草案；

（四）重整计划草案对出资人权益的调整公平、公正，或者出资人组已经通过重整计划草案；

（五）重整计划草案公平对待同一表决组的成员，并且所规定的债权清偿顺序不违反本法第一百一十三条的规定；

（六）债务人的经营方案具有可行性。

人民法院经审查认为重整计划草案符合前款规定的，应当自收到申请之日起三十日内裁定批准，终止重整程序，并予以公告。

第八十八条 重整计划草案未获得通过且未依照本法第八十七条的规定获得批准，或者已通过的重整计划未获得批准的，人民法院应当裁定终止重整程序，并宣告债务人破产。

第三节 重整计划的执行

第八十九条 重整计划由债务人负责执行。

人民法院裁定批准重整计划后，已接管财产和营业事务的管理人应当向债务人移交财产和营业事务。

第九十条 自人民法院裁定批准重整计划之日起，在重整计划规定的监督期内，由管理人监督重整计划的执行。

在监督期内，债务人应当向管理人报告重整计划执行情况和债务人财务状况。

第九十一条 监督期届满时，管理人应当向人民法院提交监督报告。自监督报告提交之日起，管理人的监督职责终止。

管理人向人民法院提交的监督报告，重整计划的利害关系人有权查阅。

经管理人申请，人民法院可以裁定延长重整计划执行的监督期限。

第九十二条 经人民法院裁定批准的重整计划，对债务人和全体债权人均有约束力。

债权人未依照本法规定申报债权的，在重整计划执行期间不得行使权利；在重整计划执行完毕后，可以按照重整计划规定的同类债权的清偿条件行使权利。

债权人对债务人的保证人和其他连带债务人所享有的权利，不受重整计划的影响。

第九十三条 债务人不能执行或者不执行重整计划的，人民法院经管理人或者利害关系人请求，应当裁定终止重整计划的执行，并宣告债务人破产。

人民法院裁定终止重整计划执行的，债权人在重整计划中作出的债权调整的承诺失去效力。债权人因执行重整计划所受的清偿仍然有效，债权未受清偿的部分作为破产债权。

前款规定的债权人，只有在其他同顺位债权人同自己所受的清偿达到同一比例时，才能继续接受分配。

有本条第一款规定情形的，为重整计划的执行提供的担保继续有效。

第九十四条 按照重整计划减免的债务，自重整计划执行完毕时起，债务人不再承担清偿责任。

第九章 和 解

第九十五条 债务人可以依照本法规定,直接向人民法院申请和解;也可以在人民法院受理破产申请后、宣告债务人破产前,向人民法院申请和解。

债务人申请和解,应当提出和解协议草案。

第九十六条 人民法院经审查认为和解申请符合本法规定的,应当裁定和解,予以公告,并召集债权人会议讨论和解协议草案。

对债务人的特定财产享有担保权的权利人,自人民法院裁定和解之日起可以行使权利。

第九十七条 债权人会议通过和解协议的决议,由出席会议的有表决权的债权人过半数同意,并且其所代表的债权额占无财产担保债权总额的三分之二以上。

第九十八条 债权人会议通过和解协议的,由人民法院裁定认可,终止和解程序,并予以公告。管理人应当向债务人移交财产和营业事务,并向人民法院提交执行职务的报告。

第九十九条 和解协议草案经债权人会议表决未获得通过,或者已经债权人会议通过的和解协议未获得人民法院认可的,人民法院应当裁定终止和解程序,并宣告债务人破产。

第一百条 经人民法院裁定认可的和解协议,对债务人和全体和解债权人均有约束力。

和解债权人是指人民法院受理破产申请时对债务人享有无财产担保债权的人。

和解债权人未依照本法规定申报债权的,在和解协议执行期间不得行使权利;在和解协议执行完毕后,可以按照和解协议规定的清偿条件行使权利。

第一百零一条 和解债权人对债务人的保证人和其他连带债务人所享有的权利,不受和解协议的影响。

第一百零二条 债务人应当按照和解协议规定的条件清偿债务。

第一百零三条 因债务人的欺诈或者其他违法行为而成立的和解协议,人民法院应当裁定无效,并宣告债务人破产。

有前款规定情形的,和解债权人因执行和解协议所受的清偿,在其他债权人所受清偿同等比例的范围内,不予返还。

第一百零四条 债务人不能执行或者不执行和解协议的,人民法院经和解债权人请求，应当裁定终止和解协议的执行，并宣告债务人破产。

人民法院裁定终止和解协议执行的，和解债权人在和解协议中作出的债权调整的承诺失去效力。和解债权人因执行和解协议所受的清偿仍然有效，和解债权未受清偿的部分作为破产债权。

前款规定的债权人，只有在其他债权人同自己所受的清偿达到同一比例时，才能继续接受分配。

有本条第一款规定情形的，为和解协议的执行提供的担保继续有效。

第一百零五条　人民法院受理破产申请后，债务人与全体债权人就债权债务的处理自行达成协议的，可以请求人民法院裁定认可，并终结破产程序。

第一百零六条　按照和解协议减免的债务，自和解协议执行完毕时起，债务人不再承担清偿责任。

第十章　破产清算

第一节　破产宣告

第一百零七条　人民法院依照本法规定宣告债务人破产的，应当自裁定作出之日起五日内送达债务人和管理人，自裁定作出之日起十日内通知已知债权人，并予以公告。

债务人被宣告破产后，债务人称为破产人，债务人财产称为破产财产，人民法院受理破产申请时对债务人享有的债权称为破产债权。

第一百零八条　破产宣告前，有下列情形之一的，人民法院应当裁定终结破产程序，并予以公告：

（一）第三人为债务人提供足额担保或者为债务人清偿全部到期债务的；

（二）债务人已清偿全部到期债务的。

第一百零九条　对破产人的特定财产享有担保权的权利人，对该特定财产享有优先受偿的权利。

第一百一十条　享有本法第一百零九条规定权利的债权人行使优先受偿权利未能完全受偿的，其未受偿的债权作为普通债权；放弃优先受偿权利的，其债权作为普通债权。

第二节 变价和分配

第一百一十一条 管理人应当及时拟订破产财产变价方案，提交债权人会议讨论。

管理人应当按照债权人会议通过的或者人民法院依照本法第六十五条第一款规定裁定的破产财产变价方案，适时变价出售破产财产。

第一百一十二条 变价出售破产财产应当通过拍卖进行。但是，债权人会议另有决议的除外。

破产企业可以全部或者部分变价出售。企业变价出售时，可以将其中的无形资产和其他财产单独变价出售。

按照国家规定不能拍卖或者限制转让的财产，应当按照国家规定的方式处理。

第一百一十三条 破产财产在优先清偿破产费用和共益债务后，依照下列顺序清偿：

（一）破产人所欠职工的工资和医疗、伤残补助、抚恤费用，所欠的应当划入职工个人账户的基本养老保险、基本医疗保险费用，以及法律、行政法规规定应当支付给职工的补偿金；

（二）破产人欠缴的除前项规定以外的社会保险费用和破产人所欠税款；

（三）普通破产债权。

破产财产不足以清偿同一顺序的清偿要求的，按照比例分配。

破产企业的董事、监事和高级管理人员的工资按照该企业职工的平均工资计算。

第一百一十四条 破产财产的分配应当以货币分配方式进行。但是，债权人会议另有决议的除外。

第一百一十五条 管理人应当及时拟订破产财产分配方案，提交债权人会议讨论。

破产财产分配方案应当载明下列事项：

（一）参加破产财产分配的债权人名称或者姓名、住所；

（二）参加破产财产分配的债权额；

（三）可供分配的破产财产数额；

（四）破产财产分配的顺序、比例及数额；

（五）实施破产财产分配的方法。

债权人会议通过破产财产分配方案后，由管理人将该方案提请人民法院裁定认可。

第一百一十六条 破产财产分配方案经人民法院裁定认可后，由管理人执行。

管理人按照破产财产分配方案实施多次分配的，应当公告本次分配的财产额和债权额。管理人实施最后分配的，应当在公告中指明，并载明本法第一百一十七条第二款规定的事项。

第一百一十七条 对于附生效条件或者解除条件的债权，管理人应当将其分配额提存。

管理人依照前款规定提存的分配额，在最后分配公告日，生效条件未成就或者解除条件成就的，应当分配给其他债权人；在最后分配公告日，生效条件成就或者解除条件未成就的，应当交付给债权人。

第一百一十八条 债权人未受领的破产财产分配额，管理人应当提存。债权人自最后分配公告之日起满二个月仍不领取的，视为放弃受领分配的权利，管理人或者人民法院应当将提存的分配额分配给其他债权人。

第一百一十九条 破产财产分配时，对于诉讼或者仲裁未决的债权，管理人应当将其分配额提存。自破产程序终结之日起满二年仍不能受领分配的，人民法院应当将提存的分配额分配给其他债权人。

第三节 破产程序的终结

第一百二十条 破产人无财产可供分配的，管理人应当请求人民法院裁定终结破产程序。

管理人在最后分配完结后，应当及时向人民法院提交破产财产分配报告，并提请人民法院裁定终结破产程序。

人民法院应当自收到管理人终结破产程序的请求之日起十五日内作出是否终结破产程序的裁定。裁定终结的，应当予以公告。

第一百二十一条 管理人应当自破产程序终结之日起十日内，持人民法院终结破产程序的裁定，向破产人的原登记机关办理注销登记。

第一百二十二条 管理人于办理注销登记完毕的次日终止执行职务。但是，存在诉讼或者仲裁未决情况的除外。

第一百二十三条 自破产程序依照本法第四十三条第四款或者第一百二十条的规定终结之日起二年内，有下列情形之一的，债权人可以请求人民法院按照破产财产分配方案进行追加分配：

（一）发现有依照本法第三十一条、第三十二条、第三十三条、第三十六条规定应当追回的财产的；

（二）发现破产人有应当供分配的其他财产的。

有前款规定情形，但财产数量不足以支付分配费用的，不再进行追加分配，由人民法院将其上交国库。

第一百二十四条　破产人的保证人和其他连带债务人，在破产程序终结后，对债权人依照破产清算程序未受清偿的债权，依法继续承担清偿责任。

第十一章　法律责任

第一百二十五条　企业董事、监事或者高级管理人员违反忠实义务、勤勉义务，致使所在企业破产的，依法承担民事责任。

有前款规定情形的人员，自破产程序终结之日起三年内不得担任任何企业的董事、监事、高级管理人员。

第一百二十六条　有义务列席债权人会议的债务人的有关人员，经人民法院传唤，无正当理由拒不列席债权人会议的，人民法院可以拘传，并依法处以罚款。债务人的有关人员违反本法规定，拒不陈述、回答，或者作虚假陈述、回答的，人民法院可以依法处以罚款。

第一百二十七条　债务人违反本法规定，拒不向人民法院提交或者提交不真实的财产状况说明、债务清册、债权清册、有关财务会计报告以及职工工资的支付情况和社会保险费用的缴纳情况的，人民法院可以对直接责任人员依法处以罚款。

债务人违反本法规定，拒不向管理人移交财产、印章和账簿、文书等资料的，或者伪造、销毁有关财产证据材料而使财产状况不明的，人民法院可以对直接责任人员依法处以罚款。

第一百二十八条　债务人有本法第三十一条、第三十二条、第三十三条规定的行为，损害债权人利益的，债务人的法定代表人和其他直接责任人员依法承担赔偿责任。

第一百二十九条　债务人的有关人员违反本法规定，擅自离开住所地的，人民法院可以予以训诫、拘留，可以依法并处罚款。

第一百三十条　管理人未依照本法规定勤勉尽责，忠实执行职务的，人民法院可以依法处以罚款；给债权人、债务人或者第三人造成损失的，依法承担赔偿责任。

第一百三十一条　违反本法规定，构成犯罪的，依法追究刑事责任。

第十二章　附　则

第一百三十二条　本法施行后，破产人在本法公布之日前所欠职工的工资和医疗、伤残补助、抚恤费用，所欠的应当划入职工个人账户的基本养老保险、基本医疗保险费用，以及法律、行政法规规定应当支付给职工的补偿金，依照本法第一百一十三条的规定清偿后不足以清偿的部分，以本法第一百零九条规定的特定财产优先于对该特定财产享有担保权的权利人受偿。

第一百三十三条　在本法施行前国务院规定的期限和范围内的国有企业实施破产的特殊事宜，按照国务院有关规定办理。

第一百三十四条　商业银行、证券公司、保险公司等金融机构有本法第二条规定情形的，国务院金融监督管理机构可以向人民法院提出对该金融机构进行重整或者破产清算的申请。国务院金融监督管理机构依法对出现重大经营风险的金融机构采取接管、托管等措施的，可以向人民法院申请中止以该金融机构为被告或者被执行人的民事诉讼程序或者执行程序。

金融机构实施破产的，国务院可以依据本法和其他有关法律的规定制定实施办法。

第一百三十五条　其他法律规定企业法人以外的组织的清算，属于破产清算的，参照适用本法规定的程序。

第一百三十六条　本法自二〇〇七年六月一日起施行，《中华人民共和国企业破产法（试行）》同时废止。

最高人民法院
关于《中华人民共和国企业破产法》
施行时尚未审结的企业破产案件
适用法律若干问题的规定

2007 年 4 月 23 日最高人民法院审判委员会第 1425 次会议通过

法释〔2007〕10 号

为正确适用《中华人民共和国企业破产法》，对人民法院审理企业破产法施行前受理的、施行时尚未审结的企业破产案件具体适用法律问题，规定如下：

第一条　债权人、债务人或者出资人向人民法院提出重整或者和解申请，符合下列条件之一的，人民法院应予受理：

（一）债权人申请破产清算的案件，债务人或者出资人于债务人被宣告破产前提出重整申请，且符合企业破产法第七十条第二款的规定；

（二）债权人申请破产清算的案件，债权人于债务人被宣告破产前提出重整申请，且符合企业破产法关于债权人直接向人民法院申请重整的规定；

（三）债务人申请破产清算的案件，债务人于被宣告破产前提出重整申请，且符合企业破产法关于债务人直接向人民法院申请重整的规定；

（四）债务人依据企业破产法第九十五条的规定申请和解。

第二条　清算组在企业破产法施行前未通知或者答复未履行完毕合同的对方当事人解除或者继续履行合同的，从企业破产法施行之日起计算，在该法第十八条第一款规定的期限内未通知或者答复的，视为解除合同。

第三条　已经成立清算组的，企业破产法施行后，人民法院可以指定该清算组为管理人。

尚未成立清算组的，人民法院应当依照企业破产法和《最高人民法院关于审理企业破产案件指定管理人的规定》及时指定管理人。

第四条　债权人主张对债权债务抵销的，应当符合企业破产法第四十条规定的情形；但企业破产法施行前，已经依据有关法律规定抵销的除外。

第五条　对于尚未清偿的破产费用，应当按企业破产法第四十一条和第四十二条的规定区分破产费用和共益债务，并依据企业破产法第四十三条的规定清偿。

第六条　人民法院尚未宣告债务人破产的，应当适用企业破产法第四十六条的规定确认债权利息；已经宣告破产的，依据企业破产法施行前的法律规定确认债权利息。

第七条　债权人已经向人民法院申报债权的，由人民法院将相关申报材料移交给管理人；尚未申报的，债权人应当直接向管理人申报。

第八条　债权人未在人民法院确定的债权申报期内向人民法院申报债权的，可以依据企业破产法第五十六条的规定补充申报。

第九条　债权人对债权表记载债权有异议，向受理破产申请的人民法院提起诉讼的，人民法院应当依据企业破产法第二十一条和第五十八条的规定予以受理。但人民法院对异议债权已经作出裁决的除外。

债权人就争议债权起诉债务人，要求其承担偿还责任的，人民法院应当告知该债权人变更其诉讼请求为确认债权。

第十条　债务人的职工就清单记载有异议，向受理破产申请的人民法院提起诉讼的，人民法院应当依据企业破产法第二十一条和第四十八条的规定予以受理。但人民法院对异议债权已经作出裁决的除外。

第十一条　有财产担保的债权人未放弃优先受偿权利的，对于企业破产法第六十一条第一款第七项、第十项规定以外的事项享有表决权。但该债权人对于企业破产法施行前已经表决的事项主张行使表决权，或者以其未行使表决权为由请求撤销债权人会议决议的，人民法院不予支持。

第十二条　债权人认为债权人会议的决议违反法律规定，损害其利益，向人民法院请求撤销该决议，裁定尚未作出的，人民法院应当依据企业破产法第六十四条的规定作出裁定。

第十三条　债权人对于财产分配方案的裁定不服，已经申诉的，由上一级人民法院依据申诉程序继续审理；企业破产法施行后提起申诉的，人民法院应当告知其依据企业破产法第六十六条的规定申请复议。

债权人对于人民法院作出的债务人财产管理方案的裁定或者破产财产变价方案

的裁定不服，向受理破产申请的人民法院申请复议的，人民法院应当依据企业破产法第六十六条的规定予以受理。

债权人或者债务人对破产宣告裁定有异议，已经申诉的，由上一级人民法院依据申诉程序继续审理；企业破产法施行后提起申诉的，人民法院不予受理。

第十四条 企业破产法施行后，破产人的职工依据企业破产法第一百三十二条的规定主张权利的，人民法院应予支持。

第十五条 破产人所欠董事、监事和高级管理人员的工资，应当依据企业破产法第一百一十三条第三款的规定予以调整。

第十六条 本规定施行前本院作出的有关司法解释与本规定相抵触的，人民法院审理尚未审结的企业破产案件不再适用。

附录

图书在版编目（CIP）数据

破产法学 / 杨森主编. —北京：中国政法大学出版社，2008.8
ISBN 978-7-5620-3280-9

Ⅰ.破... Ⅱ.杨... Ⅲ.破产法-法的理论-中国-高等学校-教材 Ⅳ.D922.291.921

中国版本图书馆CIP数据核字(2008)第128161号

出版发行	中国政法大学出版社	
经　　销	全国各地新华书店	
承　　印	固安华明印刷厂	

787×960　　16开本　　13.75印张　　225千字
2008年9月第1版　　2008年9月第1次印刷
ISBN 978-7-5620-3280-9/D·3240
定　价：24.00元

社　　址　北京市海淀区西土城路25号
电　　话　(010)58908325（发行部）　58908285（总编室）　58908334（邮购部）
通信地址　北京100088信箱8034分箱　　邮政编码　100088
电子信箱　zf5620@263.net
网　　址　http://www.cuplpress.com　（网络实名：中国政法大学出版社）
声　　明　1. 版权所有，侵权必究。
　　　　　　 2. 如有缺页、倒装问题，由本社发行部负责退换。
本社法律顾问　北京地平线律师事务所